幸運を引き寄せる

色の心理学

龍仁ひとみ

あなたを表す色　あなたの魂の色で

なりたい自分になる

日本文芸社

色には不思議な力があります。
本当の自分を教えてくれる色、
あなたを幸せに導いてくれる色、
探しませんか？

はじめに

唐突ですが、あなたは、どんな色が好きですか？
「キレイな色だなぁ」と、心が弾むことはありますか？

色の世界は、不思議で魅力的。たとえば色の美しさを感じると、心が潤い、ハッピーな気分になりますよね。このように色のパワーを感じ取り、色のパワーを味方につければ、幸運を引き寄せることができます。
色の世界が広がると、あなたの人生が広がります。自分の「魂の色」を知って、活かしていくことで、本来の使命を生きられるようになるのです。

色があなたの波動を上げ、あなたのオーラの色や魂の色が輝けば、目に見えない龍神（１４０ページ）も味方につけることができ、さらなる飛躍を遂げていくこともできます。
つまり、エネルギーの流れを大きく変えていけるということです。

今でこそ、龍神とつながってメッセージを受け取ることもある私ですが、かつては、左脳的で頭が固く、あまり喜びを感じられない日々を送っていました。

　そんなとき、色の美しさ、色の波動、色のパワーに出会いました。すると、みるみる世界が広がり、信じられないほどのたくさんの幸せを体感できるようになっていったのです。

　色のエネルギーは、すべての人に平等です。でも、そんな無限の価値に無意識に過ごすのか、意識的に使うのかで、あなたの人生の幸せの彩りは、大きく変わっていくはずです。

　色は、自然や生物にもあふれている命の根源です。そして、私たちの周りには、洋服、メイク、食べ物、住環境、また街中の広告や芸術文化に至るまで、色があふれているわけです。さまざまなシーンで、色のパワーを適切に取り入れていくことで、幸せへの最短の道が開けるでしょう。

　本書を通して私から、虹色の愛の光をお届けします。ようこそ、あなたをより幸せへと導いてくれる色の世界へ。

龍仁ひとみ

CONTENTS

CHAPTER 1 色の不思議とそのパワー

CHAPTER 2

あなたを表す色、あなたの魂の色

CHAPTER 3

色の心理学でなりたい自分になる

CHAPTER 4

ソウルカラーで開運しよう

SPECIAL CONTENTS

あなたを導く色の龍神

あなたを導く龍神のパワー

本書で見つけてほしいあなたの色

私たちの内面を表す色には、大きく分けて2通りあります。
1つ目は、今、あなたが、好きな色や気になっている色
2つ目は、あなたの生まれ持った、一生変わらない「魂の色」です。

1 今、気になっている色や、好きな色として日常生活によく取り入れている色

⇒ オーラの色。あなたの現在の心理状態を表す。

あなたが気になる色や、好きな色、よく使っている色の意味を知ることで、自分を振り返ることができたり、今後の行動のヒントになったりします。日々変わるあなたの表層意識や潜在意識を表していて、いわゆる「オーラの色」とも言えます。（36ページ参照）

2 あなたの生まれ持った魂の色

⇒ ソウルカラー。本来のあなたを表します。

魂の色は、あなたの才能や性格、恋愛傾向、適職、使命といった本来のあなたを表しています。本来のあなたは目覚めていることもあれば、まだ目覚めていない場合もあります。（42ページ参照）

1のオーラの色、2のソウルカラーの両方からのアプローチをしていくことで、日々、本来の自分に目覚め、オーラを輝かせ、波動を上げ、ありのままの自分で幸運を引き寄せることができるようになっていきます。

まずは、36ページから、あなたのオーラの色を
そして、42ページから、あなたのソウルカラーを、それぞれ導き出して
色の意味を、読み解いていってください。

CHAPTER
1

色の不思議とそのパワー

1 人生を左右する色のパワーとは？

色にもパワーがあるのをご存じでしょうか？

もし、なんとなく適当に身に付ける色を選んだり、「汚れても目立たないように」「無難だから」といった理由で、暗い色ばかりを取り入れているなら、色のパワーをうまく活用できていないかもしれません。

それぞれの色は異なる波動を発しており、「同じ波動のもの同士が引き寄せ合う」という人生の法則にも、大きな影響を与えます。

波動とはあらゆる物や事象から出るエネルギーのこと。色だけでなく、私たちの肉体、感情、思考、言葉は、いずれも波動を発しており、その波動によって良くも悪くも引き寄せ合い、現在の状況がつくられているのです。

たとえば、明るい色、キレイな色を見ると気分が上がりますよね。それは明るい色が放つ波動は生命エネルギーを与え、心の波動を上げる力があるから。逆に、暗い色や濁った色が放つ波動は生命エネルギーを押さえ込み、心の波動を下げる力があるのです。

「色を制するものは世界を制する」という言葉があります。これは、色が古代より多様な心身の治療などに用いられ、実績を上げてきた証。現代でも芸術、ビジネス、科学など、幅広い分野で色が活かされています。

科学的にも認められた色のパワーを、ぜひ、あなたの人生にも取り入れてみてください。そうすればきっと、人生そのものをよい方向に変えていくことができるでしょう。

どちらの
彩りを
選びますか？

虹はなぜ7色なのか？

虹は古くから「幸運のサイン」と言われています。それは、7色の美しい色が表れるから。7色のパワーが、特別な希望や幸せをもたらすのです。

　では、なぜ何もない空に虹が現れるのでしょう？　虹は、光が雨粒というプリズムの中で屈折・分光して7色が現れる現象。つまり、光がなければ色は見えないのです。

　私たちが色を見るために必要なこの光の正体は、目に見えない電磁波。光自体は無色ですが、色の波長の長さによってさまざまな色が出現します。たとえば、赤い波長のみを反射させる物質に光が当たると、反射した光の刺激を目が受け取り、脳が赤色と判別するという仕組みです。

　左の図のように、紫外線と赤外線の間の380〜780nm（ナノメートル）のごく狭い範囲の電磁波が、目から脳へと色の刺激を与えます。これが可視光線。虹は、光の波長がすべて色として表れているので、私たちに特別な高揚感を感じさせるのです。

　また、通常の虹は波長の長いレッドが外側、波長の短いブルーが内側に位置していますが、ダブルで虹が現れるときは、いわゆる「主虹《しゅにじ》」のほかに雨粒によって光が2回反射され、色の順番が逆になる「副虹《ふくにじ》」が出ることも。ほかにも、太陽の周りに現れる「ハロ」という丸い虹、「彩雲《さいうん》」という虹色の雲も。これらは「天や宇宙、神様からの祝福」と言われる吉兆。7色を含む虹は、色の波長がもたらす幸せも大きいのです。

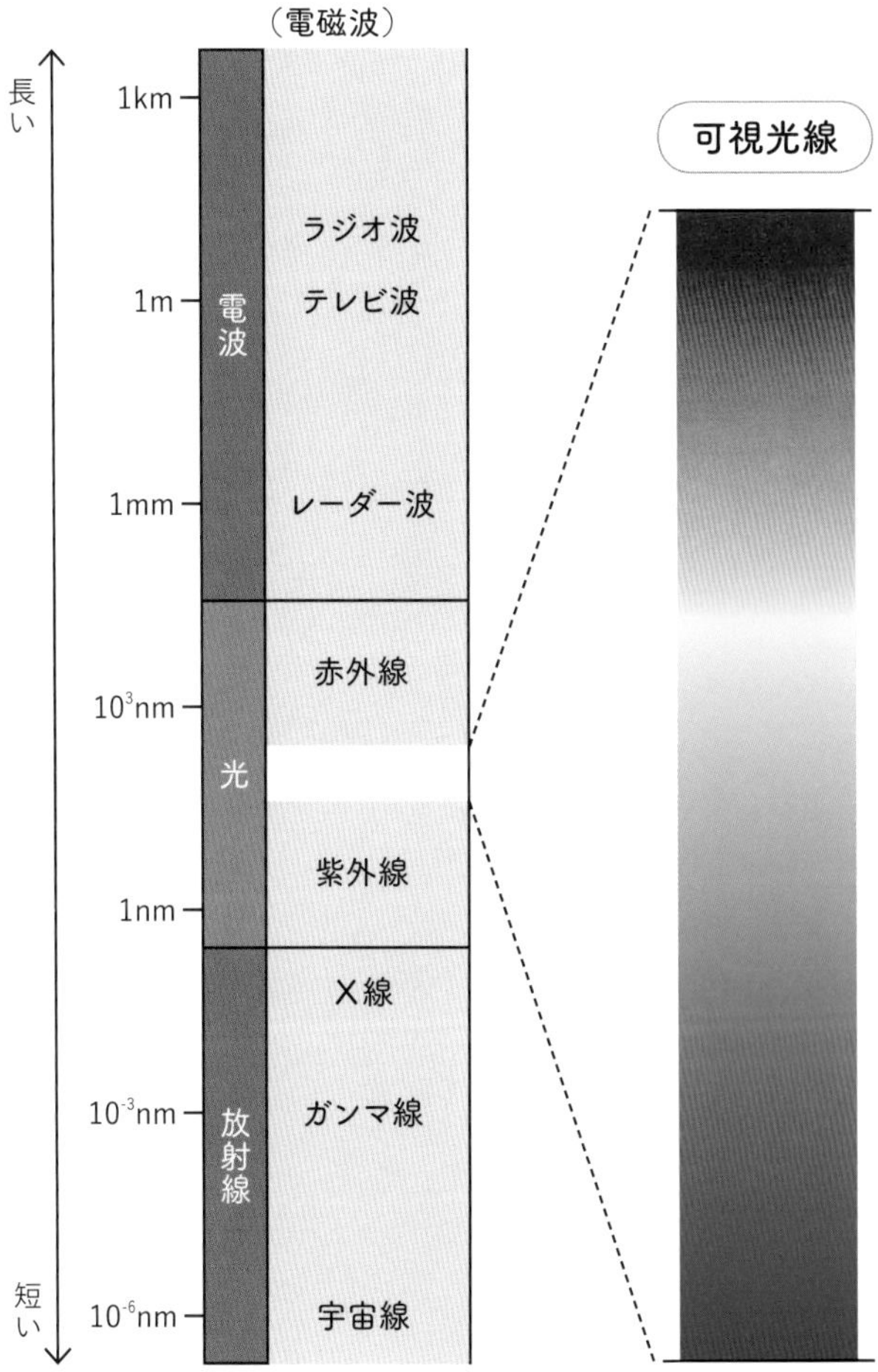
（電磁波）
長い
短い
1km
1m
1mm
10^{3}nm
1nm
10^{-3}nm
10^{-6}nm
電波
光
放射線
ラジオ波
テレビ波
レーダー波
赤外線
紫外線
X線
ガンマ線
宇宙線
可視光線

3 皮膚からも色を感じ取っている

「色は目と脳に刺激を与える」と前の項目で解説しましたが、私たちは皮膚でも色を感じ取っています。

人間の目や脳、皮膚にはオプシンというタンパク質があり、このオプシンが、光の三原色である赤、緑、青をとらえ、それらの色のかけあわせによって、細やかに色を識別しています。

同じ温度、湿度に設定した赤い部屋と青い部屋で、人がどのような生体反応を示すかを比較した実験もあります。

赤い部屋に入った人は、脈拍、呼吸数、血圧が上がって暑く感じ、青い部屋に入った人は、脈拍、呼吸数、血圧が下がって涼しく感じた、という結果が出ました。この実験での体感温度の差は、なんと3度！

目隠しをした状態でも同じ結果が得られたといいますから、目だけではなく体全体が色に反応したということが実証されたのです。

15ページの図で見ると、可視光線の赤は赤外線の隣に位置しており、電磁波の波長が長いため、筋肉の興奮を引き起こして温かく感じさせます。一方、青は紫外線の隣に位置しており、電磁波の波長が短いため、さざ波のような優しい波動で筋肉の弛緩《しかん》を引き起こし、涼しく感じさせたというわけです。

かの有名なヘレンケラーは、視力、聴力、言葉を失っているにもかかわらず、同系色の微妙な色の違いまでを繊細に感じ取ることができたそうです。「皮膚は第二の目」。私たちは体全体で色の世界を楽しめるのです。

イエロー
ブルー
レッド
黒

4 色によってさまざまな感覚が変わる

洋服を選ぶとき、太って見える色、痩せて見える色があることを、気にする方も多いはず。

色には膨張色と収縮色があり、色の明度が大きく関係しています。明るい色は膨張して（太って）見え、暗い色は収縮して（痩せて）見えるのです。でも同時に、明るい色は軽く感じさせ、暗い色は重く感じさせる色でもあり、人間の心理にも影響しているので取り入れ方には注意が必要です。

ほかにも、色で温度の感じ方が変わることもあれば（16ページ参照）、空間を広く感じさせたり狭く感じさせたり、距離感を変える効果も。また、標識や警告などでは、ハッと目を引く強調色が採用されていますよね。

また、皮膚で感じる色の心理効果として、時間感覚を変えることも認められています。

たとえば、赤い部屋では実際にいた時間より長く感じ、青い部屋では実際にいた時間よりも短く感じます。個人差や環境にもよりますが、その差は約2倍！　このような時間感覚の変化も、色の波長が脈拍、呼吸、血圧、筋肉などに影響することで起こります。

実際、ファストフード店では赤を基調としたインテリアが多く、赤によって食欲が刺激され、高揚感を得られるとともに、短時間でも長く過ごしたような満足感から、回転率を上げるという効果を得ています。一方、単純作業を行う工場などでは、青を基調として、時間の感覚を短くさせて疲れを感じにくくさせる工夫もされています。

膨張色

進出色

実際よりも近く、狭く感じる

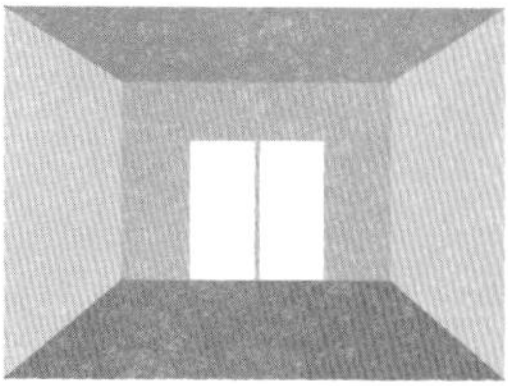

収縮色

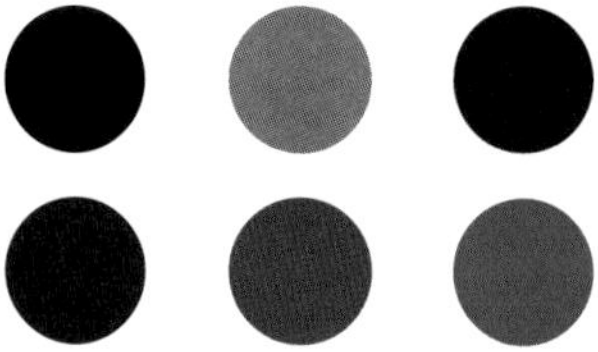

後退色

実際よりも遠く、広く感じる

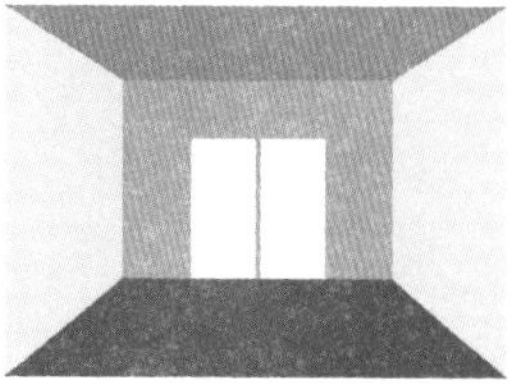

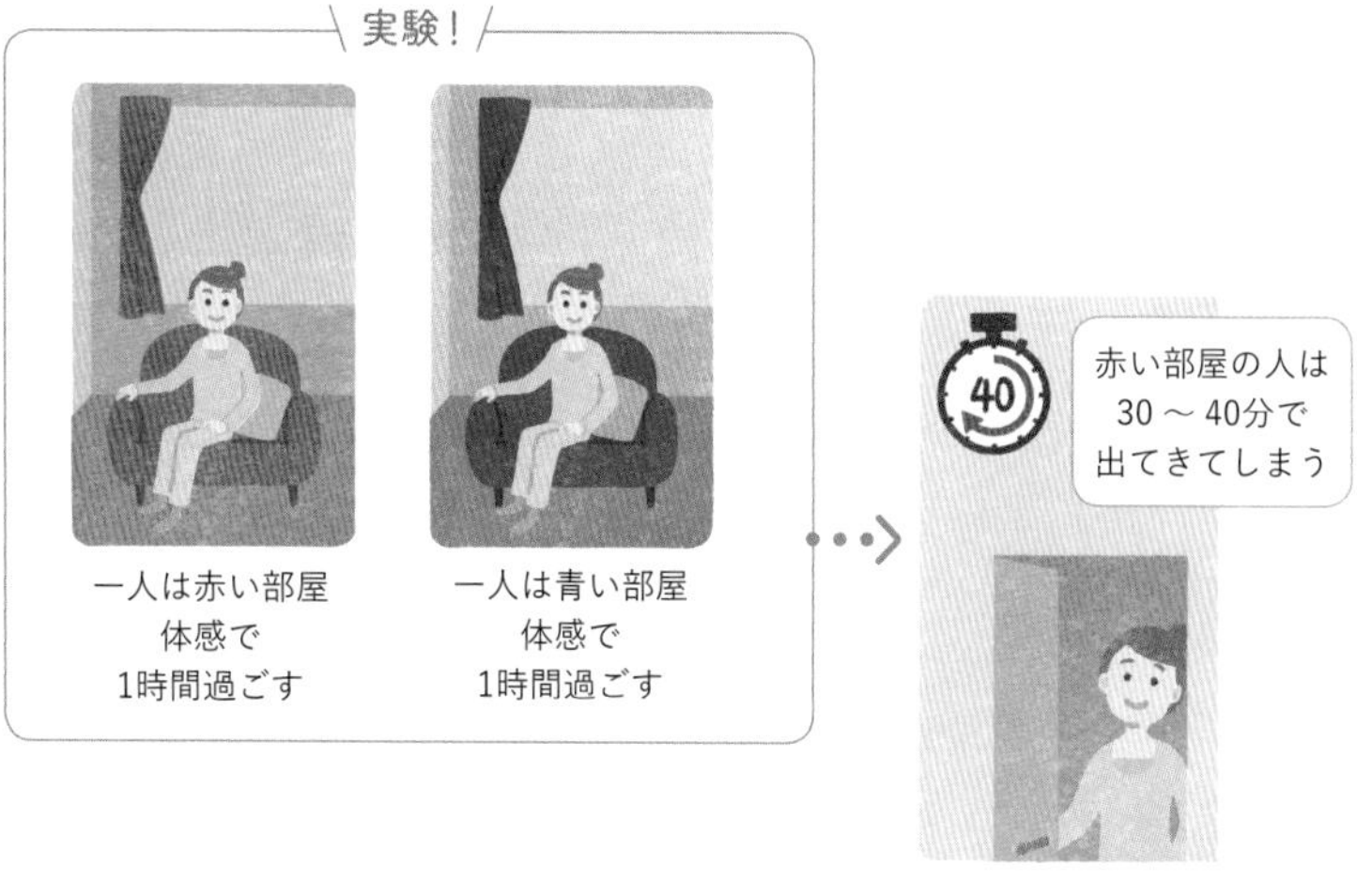

5 人生を成功に導く色のパワー

「人生を成功に導きたい」「才能を開花させたい」というときにも、色の効果を使うことができます。

たとえば、集中したいときは、落ち着いた状態を作る青に、集中力を高めるアクセントカラーの黄を合わせるのが効果的です。実際、元プロ野球選手の古田敦也さんは、現役時代、ピッチャーのコントロールをよくするためにキャッチャーミットを青にして、肩と膝パッドに「神経の色」と言われる黄のアクセントカラーを用いて効果を上げたそうです。勉強するときも同様に、青に黄のアクセントカラーを机まわりや文具などに取り入れると集中力が増します。

知識を蓄えたい、記憶力を増したいというときには緑を取り入れるのが効果的。部屋に観葉植物を置くのがオススメです。

小さいお子さんの場合は、無限の才能を刺激し、余すことなく発揮できるよう、虹の7色を部屋に配置するのがいいでしょう。

勝負事には赤を身につけると勝率がアップするとされています。これも迷信やジンクスではなく、科学的に証明済み。ビジネスの場面においても、勝負ネクタイに赤を用いる人がたくさんいます。これはアメリカの歴代大統領が用いた成功手法だから。

現代は、個性や独自の表現が重要な時代です。仕事のプレゼンはもちろん、ＳＮＳの投稿写真などでオリジナリティーを発信したいときなどにも、35ページからご紹介する自分の魅力を発揮させる色を身につけてみてください。

勉強、仕事に

スポーツ、勉強、仕事に

勝負事、
スポーツ、
ビジネスに

子ども部屋などに

6 人を絶望から救う色

社会の中でも、色の心理効果は大いに活用されています。

たとえば、夜間に犯罪が多発していた公園の街灯の色を青にしたところ、犯罪件数が7割も減ったそうです。青の波動が、犯罪につながる興奮した気持ちを鎮めた結果と言えるでしょう。

同様に、ピンクにはイライラや攻撃性を鎮める効果があることから、アメリカの刑務所で壁をピンクに塗り替えたところ、暴力的な囚人たちが大人しくなったという実例もあります。また、家庭内不和に悩んでいたご家庭では、カーテンの色をピンクに変えたところ改善したという例も多数あります。

ほかにも、自殺の名所となっていた黒の橋を緑に塗り替えたところ、自殺数が3分の1に減少しました。黒は絶望の色。頭に自殺がよぎるような心理状態のときに黒を目にすると、精神も闇に落ちやすくなります。一方、緑はリラックス効果、再生のエネルギーがあります。心理状態も安定し、気持ちをリセットする効果をもたらしたのでしょう。

もっと身近なところでは、いつも見ている信号機の赤・黄・青も、色彩心理を活用した代表例。「赤は危険、黄色は注意、青は安全」と、ひと目で伝わってきますね。踏切の遮断機の黄と黒は、視認性を上げるとともに、危険、注意を感じさせる色としての役目を果たしています。

私たちが暮らす社会には、ほかにも非常口の緑、消火器の赤など、無意識に反応できる色の効果が取り入れられています。

絶望
ブルー
ピンク
グリーン
興奮を鎮める
安心感を与える
リラックス&再生

7 色のチカラで若返る！健康になる！

「健康で若々しくいたい」というその願い、実は色で叶えることができます！

若返りの効果がある色といえばピンクです。ピンクには「幸せホルモン」と呼ばれる脳内神経伝達物質のセロトニンの分泌を促す働きがあると言われています。

ピンクを取り入れる場合は、直接皮膚に触れる下着やパジャマがオススメ。女性ホルモンを活性化させて、肌つやをよくしてくれるでしょう。一方、ブラックの下着やパジャマはシミ、シワの原因になると言われるのでご注意を。

また、色は光のエネルギーなので、明るい色ほど心身によい影響を与えます。特に、白は光の中のすべての色の波長を含んでいるため、免疫力をアップさせ、細胞本来のよい状態に戻す力があると言われています。風邪をひいたときや健康的になりたいときなどは、白の下着やパジャマを身につけて休むといいでしょう。

さらに、色の効果を取り入れるためにオススメしたいのが、色のイメージを呼吸とともに吸い込む「カラーブリージング」という方法です。やり方はとても簡単。イスに座ってリラックスして、目を閉じて色をイメージします。たとえば、ピンクをイメージしながら呼吸を繰り返す瞑想をし、ピンクのエネルギーをシミ、シワのあたりの細胞に行き渡らせるようなイメージを持つだけでOK。カラーブリージングを実践して、シミやシワが薄くなり、肌つや、ハリがよくなったという実験結果もあるので、気になる方はぜひ試してみてください。

目的別！
カラーブリージングに
オススメの色

ゴールド

自分の軸を大切にして、
ブレない自分で
いたいとき

ピンク

優しい気持ちで
満たされたいとき、
若返りたいとき

ブルー

平和な気持ちで
自分を深く感じたいとき

グリーン

リラックスしたいとき
リフレッシュしたいとき

白

心身をクリアに、
浄化したいとき

バイオレット

ヒーリング効果を
得たいとき

8 似合う色＋ソウルカラーで魅力アップ

あなたは自分に似合う色を知っていますか？好きな色が似合う色であり、あなたを輝かせてくれる色なら問題ないのですが、必ずしも好きな色と似合う色が一致するとは限りません。

自分に似合う色を着ると、肌つやがよく健康的に見え、相手に与える印象もよくなります。人の印象は、視覚情報に大きく左右されます。五感の働きに与える影響の割合は、視覚が87％と断トツで高く、聴覚が7％、触覚が3％、嗅覚が2％、味覚が1％と言われています。つまり、色が与える影響はとても大きいのです。

さらにコミュニケーションを学ぶときに用いられる「メラビアンの法則」では、人の印象は見た目などの視覚情報が55％、声のトーンや話し方などの聴覚情報が38％、話の内容といった言語情報が7％と言われています。

相手に与える印象の大部分は、色をはじめとする視覚情報によるもの。色が与える心理的影響の大きさがよくわかりますね。

似合う色、あなたを輝かせる色を着ないのはとてももったいないことです。外見的には、肌、髪、目の色からあなたに似合う色を導く「パーソナルカラー」診断が有効。本書では取り上げていませんが、インターネット記事や専門書籍も多数あるので、チェックしてみてください。

また、生まれ持った魂の色「ソウルカラー」を取り入れていくことも大切です。ソウルカラーによってあなたの波動が高まれば、才能が開花し、人間的魅力が増し、人間関係もより豊かになっていくでしょう。

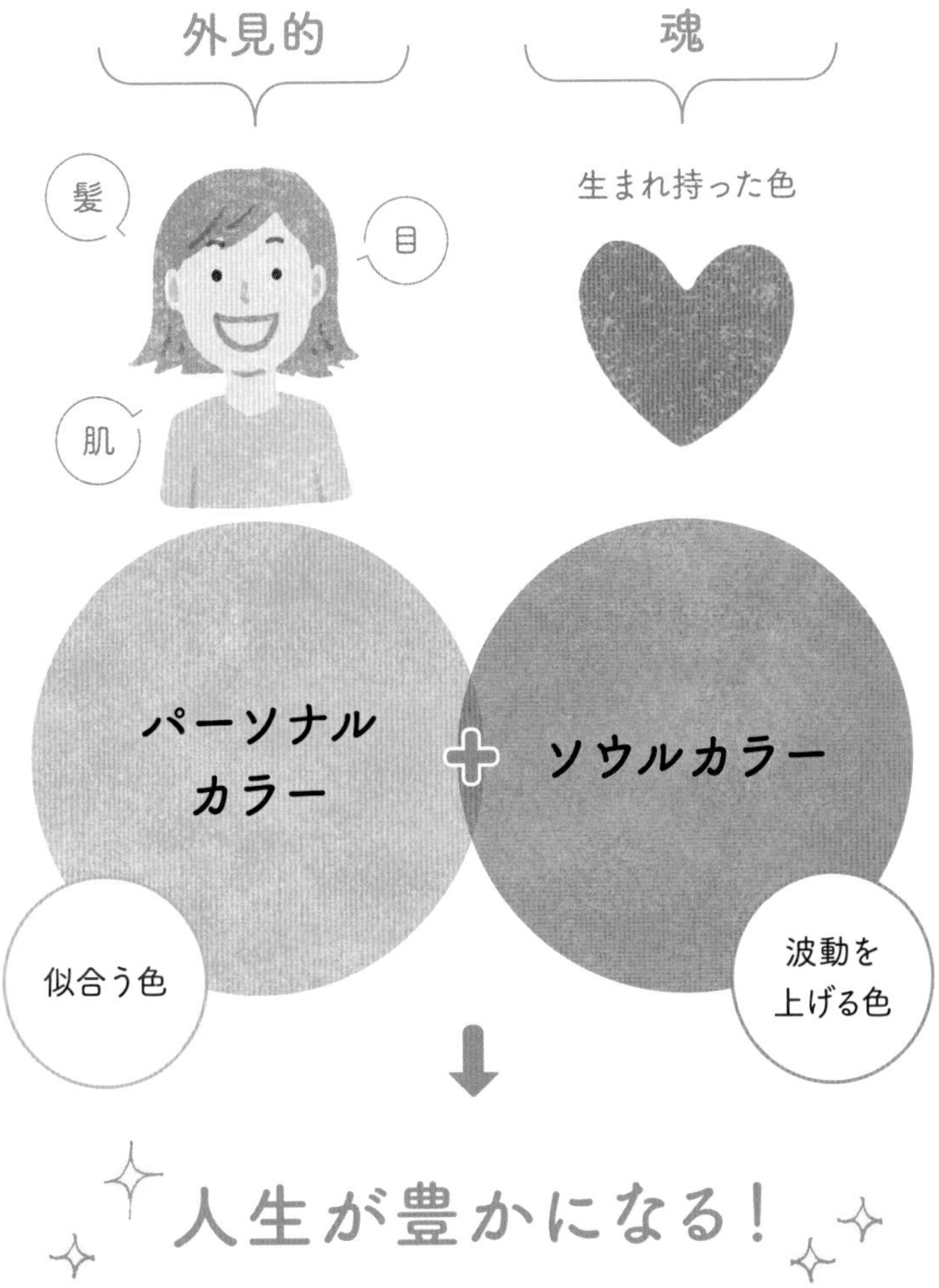
外見的
魂
髪
目
肌
生まれ持った色
パーソナル
カラー
ソウルカラー
似合う色
波動を
上げる色
人生が豊かになる！

色の不思議とそのパワー

9 塗り絵でストレスが吹き飛ぶ！

近年、大人の塗り絵が流行し、人気が根付きつつあるのをご存じですか？　流行の理由は、色を扱うという行為にストレス緩和効果があり、ワクワクとする感情やクリエイティブな発想が呼び起こされるからです。

脳には右脳と左脳がありますが、現代人は左脳を使うことが多く、それがストレスの大きな原因だと言われています。

左脳は、言語、計算、理論といった論理的思考を司り、右脳は、感覚・感性を司っています。右脳と左脳をバランスよく使うことが心身の健康にとって大切ですが、教育上の訓練や社会に適応する上で、左脳の負担が多くなっています。そこで、右脳に刺激を与える大人の塗り絵が注目されているわけです。

何度も言いますが、色は生命エネルギー。色を日常的に活用することで右脳が活性化し、ストレスが軽減、人生は豊かに！　左脳寄りの生活で色味を欠き、固くなった頭と心に、色が息吹をもたらしてくれるのです。

世界的に見ても「絵描きは長生き」と言われています。その理由は、色彩効果による人生の豊かさを謳歌しているから。豊かな表現力を求められる芸能人や、日々お金や数字と向き合う経営者に絵を描く人が多いのは、右脳の活性化がよい効果をもたらすということを体感的に知っているからでしょう。

色を扱うことで直感力が冴え、アイディアが浮かび、インスピレーションが降りてくる！　色にはこんな素晴らしい効果もあるのです。

発想力、創造性を高めて
心がリラックス

**右脳が
活性化**

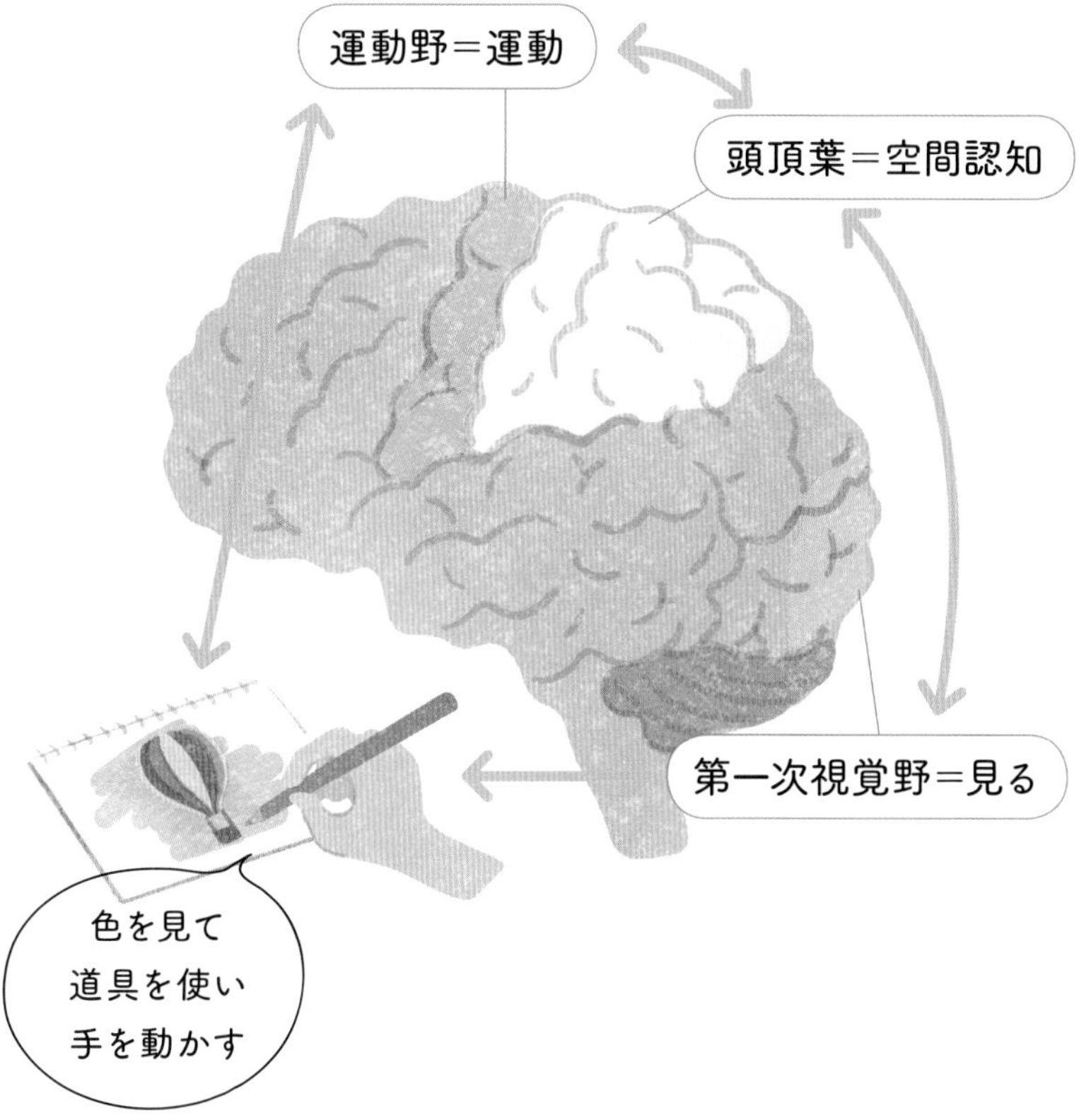

ストレスで固くなった頭と心に
色が息吹をもたらす！

波動を上げる色は、幸せを呼ぶ色

「あの人、オーラがある！」と感じたことはありませんか？　オーラはその人が発する波動の一種。何も見えていなくても、波動によって「オーラがある」と感じ取るのです。

今、時代は変革期を迎えています。物質的なものを重視していた時代から、目に見えない精神的な豊かさを重視する時代へと変わってきました。これからの時代は「波動を上げる」「オーラを輝かせる」といったアプローチが、幸せを呼び込む近道になるはずです。

色は目に見える波動です。美しい色を取り入れることで、心身が共鳴して波動が上がり、自然と幸運体質になるでしょう。

波動は、重いよりも軽いほうが好ましい状態です。色に当てはめると、暗い色より明るい色がよく、さらに、鮮やかさを合わせ持つ色がよりよい波動を持っています。つまり、最も波動を上げるのは明るく鮮やかな色！

14ページでも触れたように、虹の7色はすべて波動を上げる色です。根源的に大切な愛と平和に、自由や癒し、楽しさ、ワクワク感や喜びなどの基本概念が加わったのが、幸せを呼ぶレインボーカラーなのです。

虹の7色をはじめ、その合間に含まれる美しい色には、私たち自身を表す意味が込められています。そのときの心理状態を表す色、性質を表すソウルカラーによって、取り入れるべきベストな色が変わりますので、本書を参考に、ぜひ、今のあなたに最適な色を見つけてください。

GOOD!
軽
明るく
鮮やか
波動
色
重
暗く
くすんだ
NO GOOD...

色と体の関係を表す「チャクラ」とは？

色と体の関係は「チャクラ」というインドの伝統的な考え方で表されます。チャクラとは、体の要所にあるエネルギーセンターのことで、サンスクリット語で「車輪」という意味があります。人間には、虹の7色に対応するように、基底部から頭頂部に至るまで、生命をつかさどる主要な7つのエネルギーセンターが存在すると考えられています。このエネルギーセンターであるチャクラは、車輪が回転するように渦巻くエネルギーとなり、体全体を包んでいます。

体中のチャクラが活性化して、すべてのチャクラのエネルギーがうまく回っていれば、心身ともに健全な状態と言えます。反対に、チャクラが部分的に活性化していない場合は不健全な状態となります。それは、身体的、精神的、心理的なこと、また、人生におけるさまざまな側面や乗り越えるべきテーマにも関連しています。

それぞれのテーマの色のバランスをとったり、足りない色を活性化させたり、また、自分の特質の色を活かしていくことによって、心身ともに、健康で幸せに成長していけるでしょう。

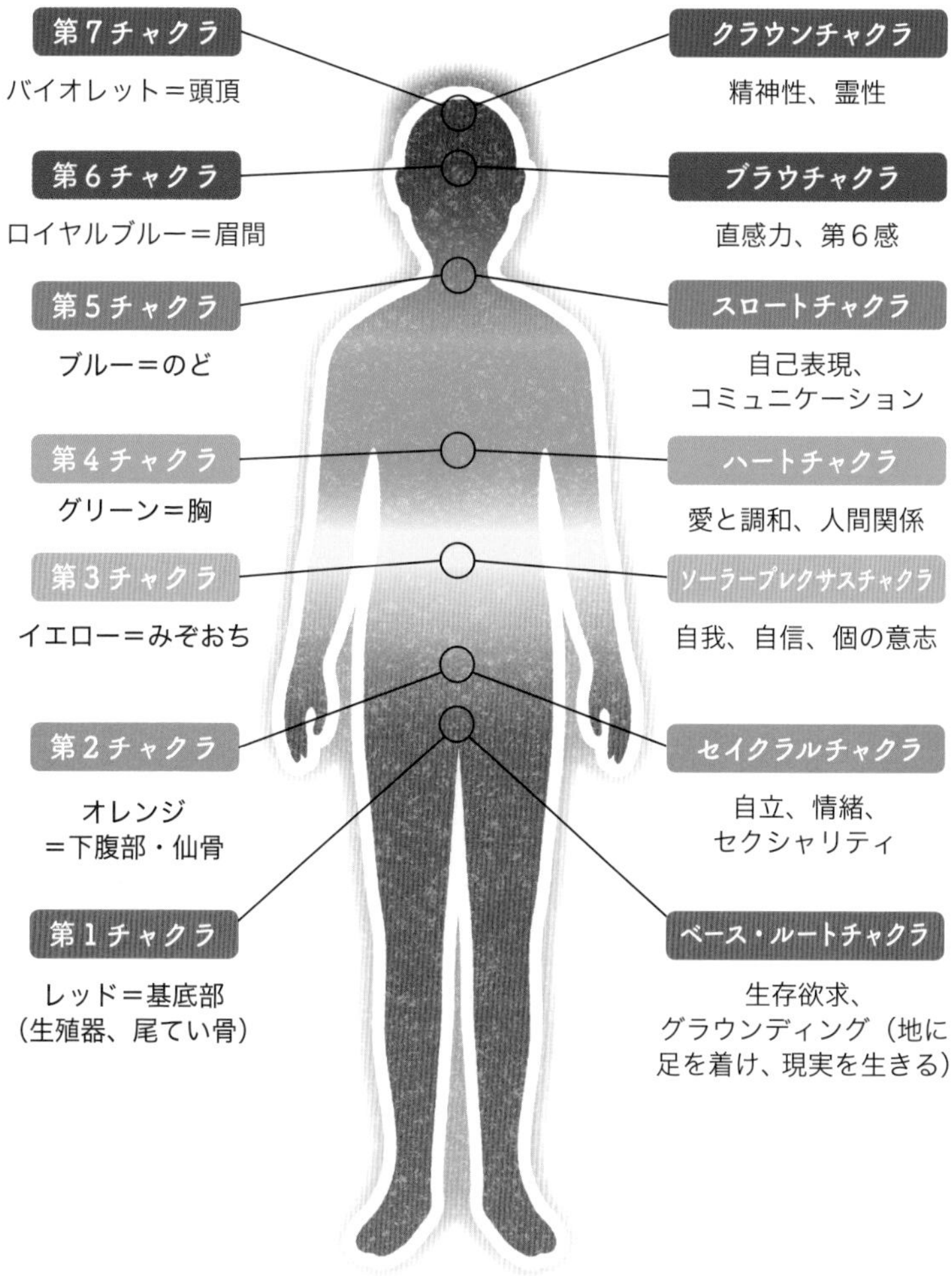

※上記の７つの主要チャクラ以外に、第1.5チャクラはコーラル、第2.5チャクラはゴールド、第3.5チャクラはオリーブグリーン、第4.5チャクラはターコイズ、第８チャクラはマゼンタが対応しています。

Color Column 1

世界中で使われる、色を使った言葉

言葉にも色を使った表現がたくさんあります。中でも、感情や状況を表現する言葉に色が使われると、ありありとその状態をイメージすることができます。外国語にも色は豊かに使われ、気持ちを表すのにもなくてはならない存在です。

ブルー（青）

青ざめる／青二才／青臭い／青息吐息／顔面蒼白／青天の霹靂《へきれき》／ブルーマンデー／マリッジブルー／マタニティーブルー／feel blue（憂うつである）／blue blood（貴族）

白　黒　金

白い目で見る／白々しい／白状する／潔白／白日のもとにさらす／白紙に戻す／白星／a white lie（悪意のない嘘）／腹黒い／暗黒時代／白黒つける／黒星／ブラックリスト／金星／ゴールデンタイム

イエロー（黄）

黄色い声／くちばしが黄色い／イエロージャーナリズム（低俗な報道）

レッド（赤）　ピンク

真っ赤になって怒る／赤っ恥をかく／赤裸々／バラ色の人生／紅一点／in the red（赤字）／in the pink（とても元気で）

グリーン（緑）

green horn（初心者・未熟者）／green with envy（他の人に嫉妬している）／green youth（青二才）

CHAPTER
2

あなたを表す色、あなたの魂の色

3色の「自分を表す名刺」を作りましょう

この章では「あなたの色」を見つけていきます。直感で選ぶ2色と誕生日から導き出す1色を合わせた3色で「自分を表す名刺」を作りましょう。今のあなたの内面を、ありのままに表すものになりますので、次ページの作り方の説明を参照してください。

色を選ぶ際に大事なのは、美的センスやコーディネートの視点はなくすということ。余計な仮面や鎧《よろい》を脱いだ、いわゆる今の素の自分を、色で表していくということです。

また、選んだ色をその都度書き留めておくと、一番下の魂の色との整合性を見ていくことができるので、この世の一番の謎であるとも言われる「本当の自分」がクリアに見えてきますし、成長の軌跡を振り返ることもできるでしょう。

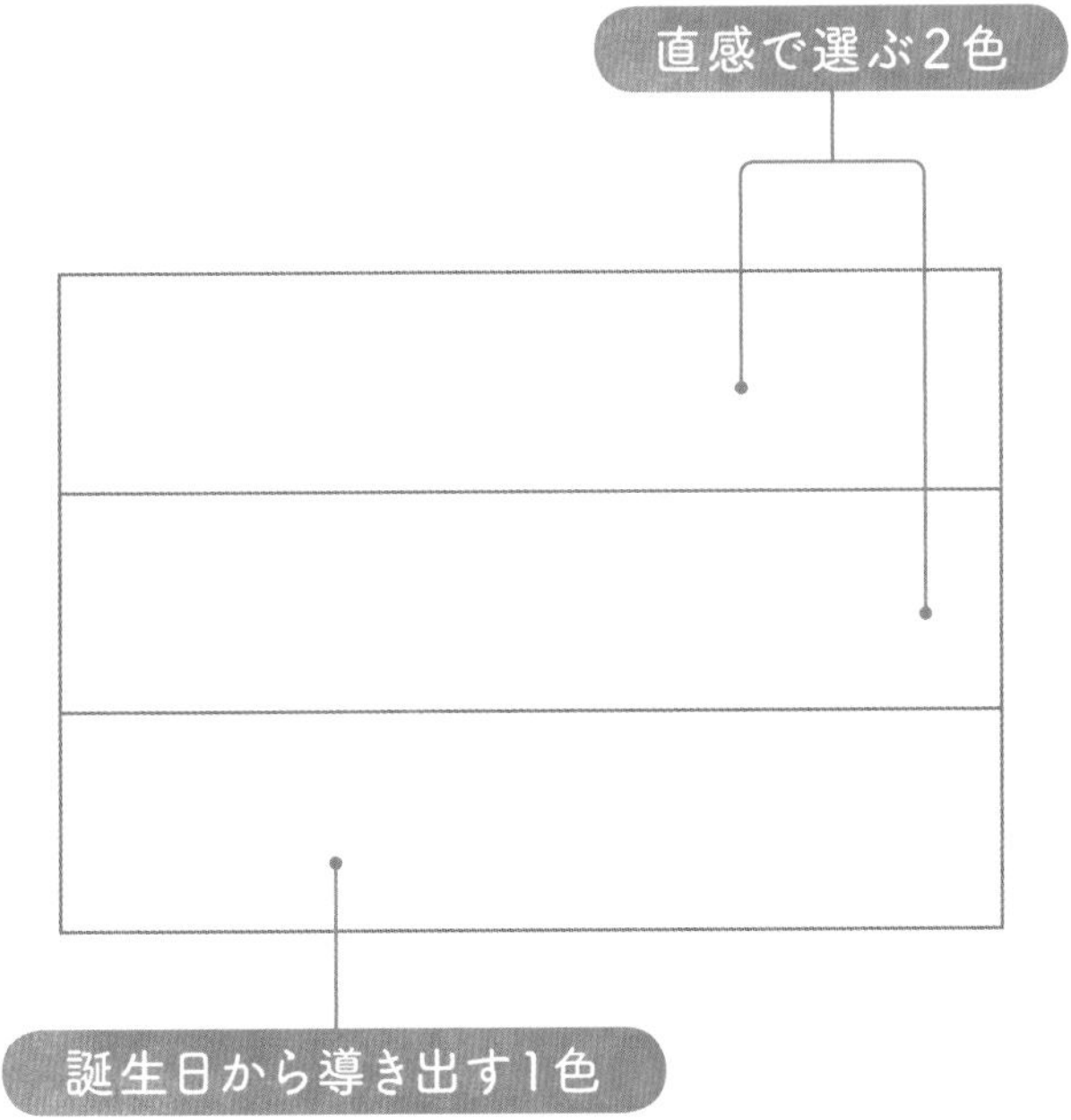

3色の名刺の作り方

STEP 1　一番上と真ん中の色を直感で選びます。

38ページにある16色から、直感で２色を選びましょう。「とても目が行く」「惹かれる」と感じる色や、「なんとなく気になる」と思う色でもＯＫ。上下の配置も直感で決めてください。選んだ色は今のあなたの波動と共鳴した色。今の「あなた」を表す色です。

STEP 2　一番下の色を誕生日から導き出します。

誕生日から導き出す色は、あなたのソウルカラー。「本来のあなた」を表します。ソウルカラーの詳細、出し方は42ページへ。

この中から、好きな2色を選んでください

気になる色や惹かれる色を直感で！

レッド RED	コーラル CORAL	オレンジ ORANGE	ゴールド GOLD
イエロー YELLOW	オリーブグリーン OLIVE GREEN	グリーン GREEN	ターコイズ TURQUOISE
ブルー BLUE	ロイヤルブルー ROYAL BLUE	バイオレット VIOLET	マゼンタ MAGENTA
ピンク PINK	白 WHITE	黒 BLACK	茶 BROWN

＊同色を２つ選んでもOK

あなたの表層意識の色、潜在意識の色は？

意識には表層意識と潜在意識があります。表層意識は自分で気づいている部分で、意識全体の3～4％しかないと言われています。一方、潜在意識は隠れた無意識の部分で、96～97％を占めていると言われます。このことを頭に置いて、37ページで作った「自分を表す名刺」の意味を見ていきましょう。

一番上の色は「あなたの表層意識」。自分で気づいている部分、最近の自分の状況を表しています。

真ん中に配置した色は「あなたの潜在意識」。あなたの波動が共鳴した色なので、色の持つ意味に深い部分で納得する内容が多くあるでしょう。気づくことで、未来の状況を変えていくパワーを持っている色です。

表層意識も潜在意識も、そのときの状況によって変わっていきます。日にちを空けて色を選んでみると異なる色を選ぶ人も多いはずです。あなたが選んだ2色は、今の自分の状況を把握するのに役立ちます。

人のオーラの色は何層にもなっており、体に近い部分のオーラは日々変化します。あなたが選んだ2色は、変化する体近くのオーラの色。自分を表す名刺をこまめに作ることで今の自分を客観的に把握し、未来に向けて整えていくことができるのです。

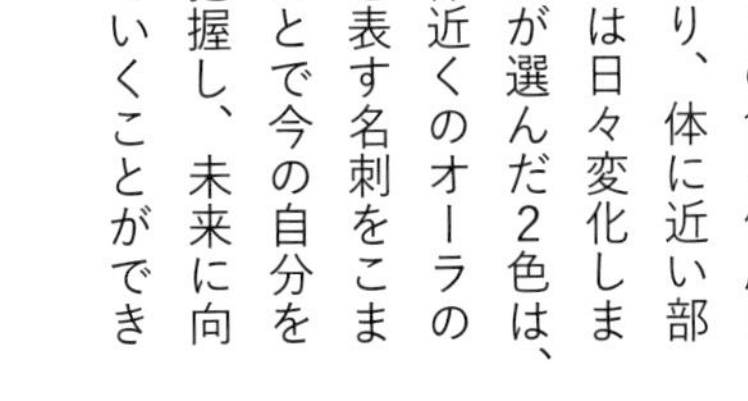

選んだ色でわかる、今のあなたの心

色	ポジティブ面	ネガティブ面
オレンジ ORANGE	・洞察力がある ・社交性がある ・陽気で明るい	・ショックなことがあった可能性がある ・依存傾向がある ・執着の傾向がある
コーラル CORAL	・家族を大切にする ・繊細な感性がある ・世話好きで優しい	・依存傾向がある ・傷つきやすい ・自己卑下の傾向がある
レッド RED	・エネルギーがある ・情熱的で活動的 ・義理人情に厚い	・直情的で短気 ・怒りっぽい面がある ・疲れている可能性がある

色	ポジティブ面	ネガティブ面
オリーブグリーン OLIVE GREEN	・協調性がある ・粘り強さがある ・Win-Winの関係作りができる	・頑固な面がある ・苦々しい気持ちがある ・不安を感じている
イエロー YELLOW	・明るくユーモアがある ・知識欲がある ・明晰な判断ができる	・神経質に考え込む ・甘えが強い ・自己中心的な面がある
ゴールド GOLD	・知恵がある ・自己評価が高い ・自尊心がある	・成果にこだわる傾向がある ・自己顕示欲が強い ・プライドが高い

バイオレット VIOLET	ロイヤルブルー ROYAL BLUE	ブルー BLUE	ターコイズ TURQUOISE	グリーン GREEN
•精神的癒しを与えられる •奉仕できる •カリスマ性がある	•直感力がある •先見の明がある •落ち着いている	•平和的 •信頼できる •冷静な判断ができる	•人道的 •創造的 •自由な芸術的表現ができる	•安らぎを与えられる •協調性がある •聞き上手
•現実逃避願望がある •喪失感を抱く可能性がある •憂うつな状態の可能性がある	•逃避願望がある •権威に弱い •自分の世界に引きこもりたがる	•言いたいことが言えない •孤独な面がある •権威に弱い	•思っていることが言えない •理想が高い傾向がある •劣等感がある	•八方美人になる •隣の芝生が青く見える •優柔不断になる

茶 BROWN	黒 BLACK	白 WHITE	ピンク PINK	マゼンタ MAGENTA
•落ち着きがあり堅実 •安心感を与えられる •包容力がある	•強い信念がある •意志が強い •威厳がある	•純粋 •繊細 •正直で正義感がある	•優しさ、思いやりがある •母性がある •親切で世話好き	•慈悲深い •細かい気配りができる •小さいことに幸せを感じられる
•腰が重い •保守的 •人生の苦みを感じている可能性がある	•心を閉ざしている可能性がある •ストレスが溜まっている •深い悲しみを抱えている可能性がある	•完璧主義的傾向がある •ガラスのハート •潔癖	•わがままな傾向がある •愛を求めすぎる傾向がある •ひがみっぽくなる傾向がある	•頑張りすぎる傾向がある •完璧主義的傾向がある •執着する傾向がある

より詳しい色の解説は46ページから！

あなたのソウルカラーは？

生まれ持った魂の色が「ソウルカラー」です。ソウルカラーは、誕生日から導き出す色で、一生変わらない「本来のあなた」を表すとともに、人生の指針となる色です。

ソウルカラーは、数《すう》秘《ひ》術《じゅつ》という手法を用いて導き出した数字と、その数字と同じ波動を持つ色を対応させることで導き出します。色と数字はどちらも宇宙の言語と言われており、絶対法則による相関関係があるとされています。

スピリチュアル的に誕生日は、自分自身で選んだ日だと考えられています。誕生日から導き出す数字に対応する色の意味を知ることで、より具体的にあなたの人生の道筋を明らかにすることができる、それがソウルカラーの役割なのです。

ソウルカラーは何色かありますが、本書では、魂を語るうえで最も重要な「ライフパスカラー」をソウルカラーとしています。ライフパスカラーは、人生の通り道を示す色。あなたがどのような道を辿るのか、その道を進むために必要な才能や能力、性格、適職や恋愛傾向などを知ることができる重要な色です。

ソウルカラーと、STEP1で選んだ表層意識、潜在意識が表す今現在の心の色を見比べることで、自分が本当に望む方向や、さらに豊かに過ごしていくための方法を探ることができるようになります。

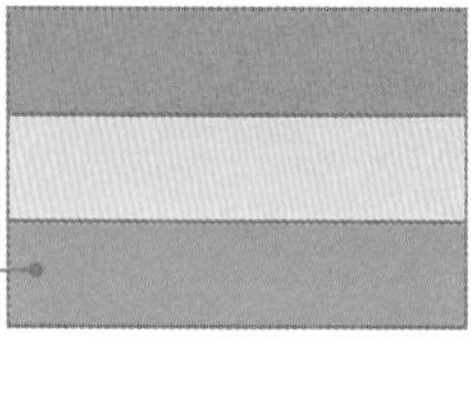
Check!

ソウルカラーの導き出し方

数秘術を用いてあなたのソウルカラーを計算しましょう。
生年月日の数字をすべてバラバラにして足していき、
11と22以外は最終的に1桁になるまで足して算出します。

※数秘術では33や44も特別な数字ですが、ここでは１桁になるよう算出します。

例① 1983年9月22日生まれの人の場合

1+9+8+3+9+2+2=34 ▶▶▶ 3+4=7

7のソウルカラーは **バイオレット**

例② 1979年12月27日生まれの人の場合

1+9+7+9+1+2+2+7=38 ▶▶▶ 3+8=11

11のソウルカラーは **ロイヤルブルー**

数字と色の対応表

生年月日から算出した数字に対応する色があなたのソウルカラー。あなたの魂の色です。

それぞれの色については46ページから詳しく解説していきましょう。

数字	色
1	レッド
2	ブルー
3	イエロー
4	グリーン
5	ターコイズ
6	ピンク
7	バイオレット
8	オレンジ
9	マゼンタ
11	ロイヤルブルー
22	オリーブグリーン

ソウルカラーの活かし方

ソウルカラーと今好きな色や気になる色が異なるのは、よくあることです。ソウルカラーが「好きじゃない色だった！」「嫌いな色ではないけど、性格や才能の解説を読んでもピンとこない…」と思う方もいらっしゃるでしょう。

もし、あなたがそうだった場合は、本来の自分に蓋をしている可能性があります。しつけや教育、一般常識や固定観念によって、仮面を被り、鎧を着けて、自分の可能性を狭めてしまっているかもしれません。ソウルカラーを受け入れて、重たい鎧を脱ぎ捨てましょう。軽やかに自分らしさを発揮していくことが、幸運を引き寄せるために最も重要なベースであり、宇宙からのサポートをもらえるカギなのです。

また、「ソウルカラーは好きな色だった。でもネガティブ面は当てはまるけれど、ポジティブ面は当てはまらない」などと思う人もいらっしゃるでしょう。

このような人は、自分の波動を感じているけれど、受け入れていない、自分に自信がない、自己肯定感が低いなど、本来持っているよい面を否定する癖がついてしまっているかもしれません。

まずは、自分のソウルカラーのポジティブな面やよいところを認めることが大切！　自分本来の生き方に確信を持てるようになると、自分で人生を創造していくことができるようになっていきます。そうすると、どんどん波動が上がり、ますます幸せを引き寄せていくようになるはずです。

RED

レッド

大きな愛で行動できる人

長所

- ○ 情熱や行動力がある
- ○ 正義感が強い
- ○ 義理人情に厚い
- ○ お金を稼ぐ能力がある

短所

- ○ 短気な面がある
- ○ ストレートで勝気
- ○ ワンマンになりがち
- ○ 物欲が強くなることがある

恋愛傾向

- ○ 大恋愛で盛り上がる
- ○ 熱しやすく冷めやすい
- ○ 思い込みが激しい
- ○ 自己犠牲的になることも

向いている職業

- ○ 起業家
- ○ アスリート
- ○ モデルやダンサー
- ○ ガテン系職業

キーワード

情熱　生命力　エネルギー
外交的　活動的　行動力
サバイバル
グラウンディング　怒り
恨み　物質的　肉体的
物欲　欲求不満

オススメアクション

- ○ キャンドルを見つめる
- ○ キャンプに出かける
- ○ 赤い靴をはく

レッドは血、火、太陽の色。エネルギーや生命力を表します。レッドの人はエネルギッシュで生命力にあふれ、行動的な性質を持っています。義理人情に厚く、大事な人のためなら自分を犠牲にして助けに行くような真っすぐな強さがあります。

赤は愛の色。真っ赤なバラが情熱的な愛情を表すように、赤の人の愛はとても熱く激しく、時に真っすぐすぎてしまいます。思い入れが強いがゆえに、愛を受け取ってもらえないときにはそれが怒りや不満、憎しみ、恨みに変わっていくことも。血気盛んなところがあるので、直情的で短気な面もあります。赤はセクシャリティを表す色なので、性的魅力にあふれている人も多いはず。身も心も捧げる大恋愛に発展することも多いですが、欲求不満や快楽に陥るという面もあります。

また、赤十字のマークに赤が使われているように博愛精神の持ち主。人、家族、地域の人、さらに世界や地球のためにエネルギーを注ぐことができるゴッドマザー的な愛を根底に持っています。

MISSION

ソウルカラーがレッドの人の使命

あなたが目標にするべきは、持てるエネルギーを、自分の欲からではなく大きな愛で周りに使っていくことです。チャクラ（32ページ参照）では、基底部と呼ばれる生殖器や足の部分を表す色であり、地に足をつけ、体を使って実際的に生きていくためのグラウンディングのエネルギーを表します。体や行動を通して経済活動に積極的に参加し、愛をもって豊かな循環を生んでいく大きな役目を担っています。体のエネルギーを使って動くことで役に立つ、そんな実感を得られる仕事をすると、魂が輝きます。

この言葉をモットーに！

情熱を体現する

レッドの人のコミュニケーション力アップ術

レッドの人は、ストレートなエネルギーが行動にも言葉にも表れます。その根底には、反発のエネルギーがあり、相手の言動に納得がいくときは全面的に味方になりますが、「納得できない」「気にいらない」ということがあると、発する言葉だけではなく、エネルギー的にもＮＯと突っぱねてしまいがちです。

自分が正しいと思い込みがちですが、何事も一呼吸おいて思案することが大事。「相手の考えはどうだろう」「自分が周りと違っているのかも」と、余裕を持って考えるように心がけましょう。考えるより動くことが功を奏することもありますが、周りの意見に耳を傾けることで、ことを荒立てたり、悪化させたり、裸の王様になってしまう…ということがなくなります。

レッドの人に好かれるには？

レッドの人は、小手先でなく全力でぶつかってくる人を好みます。必要以上に策を用いてもＮＯと反発されたり、相手にしてもらえなくなってしまったりするかもしれません。

レッドの人に対しては、あなたの誠意をわかりやすく表現しましょう。約束を守り、有言実行であることが基本。友人や異性の場合、一緒に好きなアーティストのコンサートに行ったりボランティア活動をしたりすると、一気に距離が縮まります。目上の人であれば「ついていきます！」と、熱い態度を見せ、積極的に懐に入っていくと、可愛がってもらえるでしょう。また、目下の人であれば、インセンティブ制度を用いて、頑張りをわかりやすく認めてあげると、やる気を引き出せます。

レッドを読み解こう

1
魔除《よ》けの色・呪術の色

日本では、古来より赤は魔除けの色、呪術に用いられる色です。神社の鳥居に赤、特に朱色が多く使われているのは、厄除けや疫病除けの意味があるためです。

2
お祝いのハレの日を表します

紅白饅頭《まんじゅう》、赤飯、お祭りの垂れ幕、還暦の赤いちゃんちゃんこなど、日本では、赤はお祝い事を表します。産まれて間もない子を「赤ちゃん」といいますが、赤ちゃんは生命のエネルギーの塊。還暦に着る赤いちゃんちゃんこは「60歳でまた赤ちゃんに還る」「赤ちゃんのような生命力をもう一度吹き込む」「活発な新陳代謝を取り戻す」などの意味があります。

3
フェロモンも活性化

レッドは赤外線の隣に位置する色。赤外線に温熱効果があるように、レッドにも温めるパワーがあります。血の色であるレッドは、血液の循環を活性化させる働きがあり、巣鴨名物の真っ赤な下着は、冬になると大人気。温める効果はもちろん、レッドの下着をつけるとフェロモンまで活性化するとも言われています。

4
牛ではなく人間が興奮しています

闘牛では、闘牛士が赤い布をもって牛を挑発していますが、牛の目では赤い色を見ることはできません。牛が興奮してくるのは、布のヒラヒラとした動きのほう。赤い布で興奮するのは観客、つまり人間なのです。

CORAL

コーラル

家族を包む優しさをもつ人

長所

- 家族を大切にする
- 繊細な感性がある
- 世話好きで優しい
- 仲間と協力していく性質

短所

- 依存傾向がある
- 繊細すぎて傷つきやすい
- 自己卑下の傾向
- 自分を犠牲にしてしまう

恋愛傾向

- 尽くすタイプ
- 良妻賢母型
- 自己犠牲になることも
- ダメな人を引き寄せやすい

向いている職業

- 看護師
- 介護士
- 保育園の先生
- 小物作家

キーワード

優しさ　母性　思いやり
自分を愛するための知恵
家族　繊細　感性　依存
傷つきやすさ　自己犠牲
愛の渇望

オススメアクション

- 家族と食事をする
- 小物作りをしてみる
- かわいい雑貨屋さんに行く

コーラルは珊瑚《さんご》の色。珊瑚は固い骨格を発達させた動物の一種。動物といっても自由に動くことはできず、仲間が寄り添って生息しています。ゆえに、コーラルの人は家族や仲間を大切にする愛情深い人と言えるでしょう。

コーラルを選んだ人は、家族や恋人、友人思いで、惜しみなく世話を焼いてあげられる人ですが、行きすぎると依存の傾向が深まります。

コーラルは赤やピンクを基本とした色なので、恋人との関係ではどっぷりはまってしまうことが多いでしょう。赤やピンクを基本に黄色を少し足してできる色なので、自分の愛の存在価値を求める傾向が強く、ネガティブに自己卑下してしまうと、不倫などに陥りやすい面もあるかもしれません。

また、コーラルを選んだ人は美的感覚を持っていて、かわいいものやキレイなものが大好きです。自分の気に入った素材を使って小物やアクセサリー作りに没頭することも多いのではないでしょうか。このように、繊細な感性を持っているため、傷つきやすさにつながる面も持ち合わせています。優しさから、時には自己犠牲的になってしまうことがありますが、自分を愛するための知恵、自分軸を養うというテーマがあります。

コーラルの人のコミュニケーション力アップ術

コーラルの人は、まず、自分よりも相手のことを考えがちです。その優しさが大きな魅力の一つではあるのですが、自分を後回しにして、相手を優先してあげることを繰り返していると、周りから存在を軽んじられたり、大事にしてもらえなくなるなど、損してしまうことも。なかには、その優しさがうっとうしさを感じさせ、相手をイライラさせてしまう…なんてこともあるでしょう。

まずは「自分がどうしたいのか」「自分は何がほしいのか」ということを、常に自分に問いかけることを意識してみてください。「私は〇〇がいいけど、あなたは？」という風に、自分の希望を口に出していけば、損をすることは減っていくでしょう。

コーラルの人に好かれるには？

コーラルの人は、どんな人にも優しく接してくれますが、本当に心を開いてもらうためには、あなたも同じように愛を優しさで返していくことが基本です。

友人の場合は、一緒にご飯を作ったり、手芸や小物作りなどの教室に通ってみると、親近感がアップします。家庭的な人に安心感を覚えるので、異性の場合は手料理をふるまったり、手作りのプレゼントをしてみると喜ばれるでしょう。目上の人であれば、出かけたときにお土産や菓子折りを買ってくるなど、ちょっとした気づかいを重ねていくと、それ以上のお返しや愛をもらえたりします。また、目下の人の場合は、「大丈夫？」と、気にかけているサインを出していきましょう。

コーラルを読み解こう

1

サーモンピンクは アンチエイジング効果あり

コーラルと同系色であるサーモンピンクは、まさにサーモンの色。サーモンに含まれるアスタキサンチンという天然色素は、アンチエイジング効果がありますが、ピンク系統の色にもアンチエイジング効果が認められています。

2

ピカソが親密な愛を表現した「バラの時代」

パブロ・ピカソの絵は、作風の変化がめまぐるしく、貧困生活の中で絵を描き続け、青を多用した「青の時代」の次に「バラ色の時代」と呼ばれる時期があります。「バラ色の時代」は、ピカソがフェルナンド・オリヴィエという恋人と過ごした幸せな日々を指すもの。その様子は作品の色使いにも現れており、温もりが感じられるコーラルの色調を用いた「パイプを持つ少年」は「バラ色の時代」の代表的な作品です。色使いに現れたピカソの心情を想像しながら鑑賞してみると、作品の見方がより深まるでしょう。

3

海の安全、安産のお守り

珊瑚は古来よりや海の安全、子どもの成長、安産のお守りとされ、インド、中国を経由して伝わり、仏教七宝のひとつとして珍重されるようになりました。現代では女性の厄除けや子授け、出産のお守りなどに用いられます。

4

曙＆東雲色＆レムリアの愛の色

コーラルピンクは、日本の伝統色名でいうと「曙色《あけぼのいろ》」。『枕草子』冒頭の「春は曙」でご存じのとおり、夜明けのころを曙といい、また、東雲《しののめ》とも言われることから、東雲《しののめ》色《いろ》とも表現されます。この優しいコーラルの色合いは、夕暮れころにも見られ、「新時代の愛の叡智の色」と表現されたり、大昔に失われた光の大陸レムリアにちなみ「レムリアの愛の色」とも表現されたりしています。

色が教える本当のあなた

ORANGE

オレンジ

華やかでパワフルな努力家

長所

- 洞察力がある
- 陽気で明るく社交的
- パワフルで仲間想い
- 自己実現、社会貢献していく

短所

- 依存傾向がある
- 強引すぎる傾向
- 自己中心的な傾向
- 執着が強い傾向

恋愛傾向

- 積極的なアプローチ
- 華やかなデート志向
- サプライズ好き
- 俺様、女王様な傾向

向いている職業

- 商社マン
- 政治家
- 弁護士
- 芸能タレント

キーワード

洞察力　社交性　陽気
至福　向上心　独立心
自立心　満足感　自己実現
社会貢献　ショック
トラウマ　依存　執着

オススメアクション

- オレンジジュースを飲む
- 朝陽、夕陽を見る
- 腹巻などで下腹部を温める

オレンジ色といえばミカンやオレンジ。「たわわに実る」というイメージから、団体への関わりを表します。また、太陽の光を浴びて育つこの色は「ビタミンカラー」とも言われ、元気を与えてくれる色としても認識されていることから、オレンジの人は社交性があり、太陽のような笑顔で周囲に元気を与えることができます。

　オレンジはチベットやタイの僧侶の法衣にも用いられています。オレンジ色は、克己心、向上心、その上での至福感を表します。自我を手放し、無我の境地に達するために修行している者の色でもあるのです。

　チャクラ（32ページ参照）では下腹部、腹＝肚《はら》の色。「肚をすえる」などの言葉があるように、オレンジは根本の自分を知り、力強く生きるための前向きなエネルギーを持っています。

　オレンジに惹かれるときは、オレンジのパワーを求めているときです。自分の覚悟を試されているとき、ショックなことがあったときなどに、無意識に選ばれる色でもあります。

MISSION

ソウルカラーがオレンジの人の使命

　多くの人と関わりながら、社会に貢献していくことを目指しましょう。

　オレンジは、チャクラでは下腹部の色であり、覚悟、人間関係、自己実現を意味します。「難しい」「大変だな」と思うことも、勇気を持って挑戦していくことが大切。その結果、人のためになる仕事、世の中のためになる仕事に就くことが求められ、実際に政治家や弁護士、外科医などになることも。努力と仲間を想うがゆえにつかんだ地位や権力を、私利私欲のために使わず、貢献の意識を忘れないことで、より魂が輝きます。

この言葉をモットーに！

覚悟をもって社会に貢献する

オレンジの人のコミュニケーション力アップ術

オレンジの人は、確固たる自分を強く持っていて、これまでの人生を形づくってきたものを重要視しているので、自分を否定するような人に対して、強い反発心を持つ傾向があります。

目立つあなたに批判や茶々を入れてくる人がいたとしても、自分自身を信じて貫くことが大切。真剣に相手をせず、「嫉妬しているんだなぁ」ぐらいの感覚で、サラリとやり過ごしましょう。

華やかな人や場を好む傾向がありますが、見た目に左右されることなく、持ち前の洞察力で相手の中身を感じ取ることができるのがオレンジの人の強みです。

信頼できると感じた人と、腹を割って話していくことによって、さらなる安心感を得られるでしょう。

オレンジの人に好かれるには？

オレンジの人は、培ってきた人生を自負しているので、その努力を認めてあげましょう。明るく社交的で、一見華やかに見えますが、いろいろな葛藤を抱えている可能性も。

友人・異性の場合は、積極的にイベントや旅行などに誘い、一緒に楽しく過ごすことで急速に距離が縮まるので、本音で腹を割って話す機会をうかがいましょう。

目上の人の場合は、オレンジの人の盛り上げ役を買って出て、表立って協力していくことを意識して行動するとかわいがってもらえます。目下の人の場合は、表面的な明るさとその背後の状況を冷静に判断し、自信のある感じのときは積極的に褒め、何か心に抱えているなと思ったときは、相談に乗ってあげましょう。

オレンジを読み解こう

1
レスキューの色

レスキュー隊のユニフォームはオレンジ色。それは、目立つという理由のほかに、救う、救われるという意味があります。高齢運転者標識のシルバーマークにも、オレンジ色が用いられており、注意のほかに助けるという意味も表しています。

2
心の傷を癒し至福をもたらす

孤独で苦々しい少年時代を過ごした画家、ゴーギャン。その心の傷を埋めるのがオレンジ色であり、タヒチのような楽園志向だったのです。初期の作品はグレイッシュな色調で、彼の憂鬱な精神が表れていますが、周囲に受け入れられませんでした。その後、オレンジ色を多用して描かれた「タヒチの女」は、肚（腹）からにじみ出る至福の心理が表れた作品となり、偉大な画家として認められるようになりました。

3
オレンジがぴったりのオランダ

「世界は神が作ったが、オランダはオランダ人が作った」と言われるほど、オランダ人は、質のよくない土地を自分たちの力で切り開いていきました。そんなオランダのイメージカラー、オレンジは創造性、精神的強さ、団体力、粘り強さを表しています。色彩心理的にもオランダはオレンジ色がぴったりの国なのです。

4
明るい団らんもサポート

ファミリーレストランでは、よくオレンジ色が用いられます。それはオレンジ色が、食欲色ということだけでなく、明るく温かい団らんをサポートしてくれる色だから。ダイニングの照明にオレンジ色の電球色が用いられるのも同じ理由からです。冬に多い、ペットボトルのホット飲料のオレンジ色のキャップは、心も体も温めてくれます。

GOLD

ゴールド（金色&山吹色）

自分軸を持った賢人

長所

- 自己評価が高い
- 人生を生きる知恵がある
- 自尊心がある
- 真の謙虚さを知っている

短所

- プライドが高い
- 成果にこだわる傾向
- 自己顕示欲が強い
- 挫折に弱い傾向

恋愛傾向

- 知性、同じ価値観を求める
- 自分の王道パターンがある
- 見栄を張りがち
- 自己中心的になりがち

向いている職業

- 銀行家
- 技術者
- 経営者
- 講師
- 教授

キーワード

知恵　賢さ　自己価値
自己実現　歓び　達成感
肯定感　自信　エゴ
プライド　見栄　恐れ

オススメアクション

- 成功者の本を読む
- 丹田を鍛える
- 自分を褒める日記をつける

ゴールドは、ピカピカに輝く金色の意味を含みながら、色名では黄色に少し赤を足して黄色が深まった山吹色のような色合いの呼称。黄色の光り輝く本質を基本に、黄色のライトな感じだけではない、赤の生きる重さを加えてできる色です。

ゴールドを選んだ人は、自分の中心を感じて自分の意志で物事を成し遂げていく、自己実現の道を歩んでいける人。自尊心を持ち、プロセスを大事にして自己価値を追求していける人です。そして、成長のプロセスを歩むほど、「実るほど頭《こうべ》を垂れる稲穂かな」の言葉のように、真の謙虚さを持った賢人となっていくことができます。

でも、キラキラピカピカに輝いていける反面、ネガティブに陥ってしまうと、恐怖と不安に襲われ、持っていた自信を完全になくしてしまったり、自尊心が不要なプライドになってしまったり、周りを支配したいと思ってしまうことがあるかもしれません。

ポジティブなときは、不変の金のように身も心もブレない強さを持っていますが、金メッキのように「自分を飾りたい」「輝く存在に見せたい」と見栄を張ってしまう傾向に注意が必要です。

ゴールドの人のコミュニケーション力アップ術

ゴールドの人は自信があるときにはカリスマ性を発揮できるのですが、必要以上に「自分をよく見せたい」「できる自分を演出したい」と思う傾向があります。それが行きすぎると見栄を張ったり、ありのままの自分でいられなくなったり、「本当の自分は何？」と自問自答したり、孤独に陥ったりしがち。

あなたの本物の輝きは、努力というプロセスから出来上がっていくもの。そのプロセスを周りの人に見せていくことで、あなたを支持してくれる人、信頼してくれる人がたくさん増えていきます。恥ずかしがらず、わからないこと、できないことを素直に周りの人に聞いてみると、自分自身にも周りにも、壁がなくなって生きやすくなります。

ゴールドの人に好かれるには？

ゴールドの人は、自身満々に見えて不安も多く持っているので、ゴールドの人のできていることや素晴らしさをたくさん伝えてあげると喜ばれます。

友人・異性の場合は、一緒に成長していけるような講座に参加したり、一緒に勉強していくことで、価値観の共有ができて信頼感が高まります。目上の人の場合は、その方のこれまでのプロセスを「素晴らしい」「見習いたい」と伝えると、たくさんのことを教えてくれるでしょう。目下の人の場合は、どんな小さなことでも「すごいね」と褒めてあげたり、「失敗したことは自分の糧になるよ」などとアドバイスしてあげることで、強力な協力者となってくれるでしょう。

ゴールドを読み解こう

1

永遠の誓いはゴールド

現在、結婚指輪はプラチナが主流ですが、昔は金がよく用いられていました。金は、昔から不変の象徴で、その輝きは永遠を表します。また「富・豊かさ」の象徴でもあるので、結婚の誓いには、ぴったりだったのです。

2

黄金は、最高の象徴

豊臣秀吉が作らせた黄金の茶室は、贅沢と権力の象徴。侘び寂び文化と違い、成り上がった者の夢の現実化を表しています。

　また、競技会などで優勝した者に贈られる金メダルも努力のプロセスの結果与えられる、最高の勲章です。

3

黄金に輝くタイの仏像

タイの寺院、ワット・プラタート・ドイ・ステープは、高さ22mの黄金に輝く仏塔《ぶっとう》がある人気の名所。美しい装飾が施された仏塔の中には仏舎利《ぶっしゃり》（仏陀の遺骨）が納められ、今も人々の篤い信仰を集めています。黄金に輝く仏像も多数あり、ゴールドは「願いごとが叶うパワー」の象徴でもあるのです。

4

美女は金箔美容

金箔《きんぱく》は、クレオパトラや楊貴妃《ようきひ》が美容のために使ったと言われています。見た目の豪華さだけでなく、金箔に含まれている成分が気持ちの高まりを促進し、肌によい影響を及ぼすヒーリング効果があるとのこと。また、金の波動である微弱な電流が新陳代謝を促すとも言われています。金箔は華やかな見た目から食べ物のアクセントとしても人気がありますね。

イエロー

好奇心旺盛な楽天家

長所

- ○ 明るくポジティブ思考
- ○ ユーモアがある
- ○ 知的好奇心が旺盛
- ○ 明晰な判断ができる

短所

- ○ 神経質に考え込む傾向
- ○ 他人の目を気にする
- ○ 自己中心的な面がある
- ○ 甘えが強く批判しがち

恋愛傾向

- ○ かまってほしいタイプ
- ○ 友達から恋人に発展
- ○ 恋のチャンスが多い
- ○ 連絡をマメにとる

向いている職業

- ○ お笑いタレント
- ○ ツアーコンダクター
- ○ 飲食業
- ○ 経理

キーワード

明るさ　ユーモア　笑い
楽しさ　ポジティブ
知識欲　明晰性　希望
幸せ　喜び　気づき
神経質　批判的　混乱
裏切り　甘え　エゴ

オススメアクション

- ○ 太陽を感じ、上を向いて歩く
- ○ 声を出して大きく笑う
- ○ トイレに黄色い小物を飾る

イエローは、その色の明るさから笑いやユーモア、楽しさを表します。『幸福の黄色いハンカチ』という映画のように、日本では幸せや希望を表すことが多い色です。しかし、そのライトさから未熟、軽薄、低俗と見られることもあります。

ゲーテは「イエローは光に最も近い色彩である」「イエローは心を朗らかにする」と言い、一方で「光が強ければ生み出す闇も深く鋭い」とも言っています。

色はコインの裏表のようなもの。表裏一体、プラスとマイナス両方の意味を合わせ持っています。イエローはその特徴が強い色です。プラスの状態では明るくてポジティブなのに、一旦マイナスの状態に陥ると、ネガティブな思考が離れず、不安と恐怖に捕らわれた状態になってしまうのです。

また、イエローは明るい光に近いため、イエローの人は、光を当てて見たかのごとく何事も明晰に、賢く、論理的に判断できるのですが、それがスムーズにいかないと、緊張し、神経質に考え込むことが多くなります。

MISSION

ソウルカラーがイエローの人の使命

イエローの人はハッピーオーラの持ち主。知的好奇心旺盛でいろいろな習い事を楽しんで吸収していける人です。フットワークのよさとユーモアセンスから、多くの人とつながって能力を開花させます。楽しみを広げると、周りの人にもハッピーオーラが広がり、楽しい感覚のつながりがやがて大きな輪となりますから、「人と人をつなぐキーパーソンになる」ことを目標にしましょう。多くの人と関わる上で、批判しないことを念頭におき、自分が楽しいことにフォーカスしていくと、結果的に周りの人への貢献に繋がります。

この言葉をモットーに！

ハッピーオーラを波及する

イエローの人のコミュニケーション力アップ術

物事を明晰に見て自己主張していける人ですが、マイナスに転ぶと自己中心的でわがままになる傾向があります。その結果、他人に対して批判的な態度をとってしまうことがあるかもしれません。

イエローは子どもを表す色です。無邪気さがあふれるとかわいいのですが、大人になっても空気を読まず、ちょっとした自分のわがままを主張していると、周りから人がいなくなってしまいます。

自分の希望を伝えたいときは「周りの意見を聞いてから」ということを心がけてみましょう。よい意味で、大人の魅力もプラスされて、あなたの明るいコミュニケーションに磨きがかかります。

イエローの人に好かれるには？

イエローの人は、軽快なフットワークで興味のあることを全部試してみたいタイプなので、新しい情報を共有することで、距離が縮まります。

友人・異性の場合は、楽しそうな単発イベント、お試しセミナーなどに一緒に出かけると、話題が豊富になり、より楽しい時間を過ごせます。また、美味しいものが好き、新しいものが好きな人が多いので、話題のお店に誘ってみるのもオススメ。目上の人には、最近のトレンドや、周りの人のゴシップ情報などを教えてあげたり、楽しませてあげると、喜ばれます。イエローの人は、甘えたいタイプが多いので、目下の人の場合は、世話を焼いてあげると懐いてくれるでしょう。

イエローを読み解こう

1

軽薄が転じて裏切りにも

キリスト教では、最後の晩餐のときに、キリストを密告したユダの着ていた衣がイエローであったことから、イエローには「裏切り」という意味もあります。イエローの軽薄さ、光と陰を象徴しているエピソードといえるでしょう。

2

最高神や皇帝を表す

イエローは、古代エジプトでは生命、永遠、豊かさの象徴で、最高神である太陽神を表します。多くの日本人は、太陽を描く際に赤を使いますが、欧米人はイエローを使います。また、中国思想の陰陽五行では、黄は中央を表し、皇帝を表します。光り輝く黄は金とも通じ、特別な色と見なされることも多いのです。

3

ゴッホの黄色の絵の理由

イエローの画家といえばゴッホ。燃えるようなイエローで『ひまわり』や『黄色い家』など数々の名作を残しています。ゴッホは、生まれてすぐに死んだ兄と同じ名前、誕生日であることから「両親の愛は兄を見るもので、自分を見てくれていないのではないか…」という不安を抱え、精神的もろさが表面化していきます。ゴッホが多用したイエローの光と陰は、こうした危うさ、さらに、自己虐待や狂気的表現を生み出しているのです。

4

小さな子どもには黄色が有効

小さな子どもは、弟や妹が産まれるとイエローを選ぶことが珍しくありません。これは「私を見て」「かまってほしい」のサイン。イエローは、寂しさや甘えたい心を表します。このことを利用して、引っ込み思案の子どもにイエローの洋服を着せると、注目を集めて友達の輪に入れるようになったり、また、明るい気分になり、楽しく過ごすことができるようになったりします。

色が教える本当のあなた

OLIVE GREEN

オリーブグリーン

理想を現実に創造できる人

長所

- 協調性がある
- 芯が強く粘り強い
- Win-Winの関係を築ける
- 女性的リーダーシップがとれる

短所

- 頑固な面がある
- 人生の苦みを感じている
- 不満を感じやすい
- 自分は適切でないと思い込む

恋愛傾向

- 長続きするタイプ
- 熱しにくく冷めにくい
- 相手のサポート上手
- 奥手な傾向がある

向いている職業

- エコ活動家
- 政治家
- 公務員
- サロン経営

キーワード

協力共同創造
女性的リーダーシップ
Win-Winの関係　協調性
調和　芯が強い
粘り強さ　頑固　苦み

オススメアクション

- ガーデニングをする
- 茶道をしてみる
- オリーブを食べる
- オリーブの木を育てる

オリーブの木は、乾いた大地や斜面といった辺境でもしっかりと根をはり、すくすく育つ木と言われています。オリーブグリーンの人は、どんな環境でも根気強く、コツコツと土台を築きながら頑張れる人でしょう。

オリーブの実はそのままでは食べられませんが、時間と手間をかけて塩漬けや酢漬けにしたり、オイルを抽出したりすることで、美味しく食べることができます。さらに、オイルは化粧品や医薬品にもなる優れものです。

オリーブの木と同じように時間はかかるかもしれませんが、オリーブグリーンの人も地道に頑張ることでプラスαの成果を得られる可能性を大きく秘めています。

オリーブグリーンは抹茶のような深い緑色。オリーブも抹茶ももとは苦みを感じるように、人生の経過途中でなかなか結果が出ず、苦い思いを持ちやすいかもしれません。そんなときも、持ち前のしなやかさを活かし、皆と一緒に協力しながら、弱肉強食のジャングルではなく美しいガーデンを築くように、協力共同創造の女性的リーダーシップをとっていくことができる人です。

MISSION

ソウルカラーがオリーブグリーンの人の使命

オリーブグリーンの人は、多くの人が心地よく過ごせるための社会を創造していけます。そのためにみんながそれぞれの個性を活かし、Win-Winとなる関係をサポートするのが目標。ぐいぐい引っ張っていくリーダーではなく、みんなで協力しながらともに成長し、色々な面で上手に行動できる人間的器を育てていくことが大事。時には、自分勝手な人に苦い思いをさせられるかもしれませんが、しなやかさが大きなことを成し遂げるキーになり、あなたの言葉にみんなが耳を傾けるカリスマとなっていくでしょう。

この言葉をモットーに！

リーダーシップをとり、協力共同創造する

オリーブグリーンの人のコミュニケーション力アップ術

オリーブグリーンの人は、大きな理想があるがゆえに葛藤を抱えやすい傾向があります。その際、自分の意見をうまく主張できないことも多くなり、もどかしさを感じることが多いでしょう。そんなときは「自分の理想が自分だけのエゴなのか」それとも「多くの人の役に立つものなのか」を、自分のハートに問いかけて、不要な思い込みや周りの雑音を手放し、クリアにしていきましょう。

中には、文句を言う人、協力してくれない人も出てきて、コミュニケーションの難しさを感じることがあるかもしれませんが、ふてくされてはいけません。ていねいな説明、真摯な態度を忘れずにいると、思わぬ協力者がたくさん現れます。

オリーブグリーンの人に好かれるには？

オリーブグリーンの人は、一見温厚で優しい雰囲気がありますが、実は芯が強く、頑固な面も持っています。オリーブグリーンの人の優しさにつけこむような言動は避け、真摯な態度で対等に接することが大切。あなたの誠実さが伝わると、好感を持ってもらえます。

友人・異性の場合は、一緒に地域おこしや環境活動などのイベントに参加し、協力し合うことで強い絆が生まれるでしょう。目上の人の場合は、あなたの努力している姿を見せ、そのうえで困っていることなどを相談してみると、大きな力になってくれます。目下の人の場合は、ひいきすることなく、上下関係もなくしてフラットに付き合うと、力強い右腕となってくれるでしょう。

オリーブグリーンを読み解こう

1

侘び寂びの奥深さを表す

「侘び寂びの祖」とも言われる千利休は、抹茶色が好きだったそうです。抹茶は苦みの中に奥深さがあり、くすんだ抹茶色には、落ち着いた、侘び寂びのゆとりを感じさせます。

2

死や人生の苦みを表す

「死体は緑みをおびる」と言います。フレッシュな緑も、朽ちていくと生気がなくなり､暗い雰囲気に変化します。映画『グリーンマイル』に出てくる、処刑室までのくすんだオリーブグリーンの廊下は、死への道や曲げられた真実などを暗示しているようです。また、SF映画などに出てくる宇宙人の色には、オリーブグリーンが使われることも多く、日常ではない、得体の知れない不思議さが表現されています。

3

平和の象徴オリーブ

旧約聖書に登場する「ノアの箱舟」のお話では、洪水が収まった後に鳩を放すと、オリーブの葉をくわえて舟に戻ってきたことから、嵐が止んで、平和が訪れたのだとわかったと言われています。つまり、オリーブは「平和の象徴」でもあるのです。

4

女神の色

オリーブグリーンは「時代の橋渡しの色」と言われます。時代が変わるときは、悪いものも洗い出されるので、隠していたものや不正が明るみに出たり､天変地異が起こりやすくなります。ただそれは一時の苦しみ。オリーブグリーンは､その苦み(苦しみ)を甘み(平和や幸福)に変えていく象徴であり、力強い女神の色とも言われています。

GREEN

グリーン

信頼できる堅実家タイプ

長所

- 安心感、安らぎを与えられる
- こつこつ頑張れる
- 聞き上手なカウンセラータイプ
- バランス感覚に優れている

短所

- 八方美人になる
- 優柔不断になる
- 隣の芝生が青く見える
- 愚痴の聞き役になりやすい

恋愛傾向

- ハートのつながりを重視
- 家族のような関係性
- 慎重になりやすい
- 結婚願望が強い傾向

向いている職業

- 公務員
- 植木職人
- 図書館司書
- 総務

キーワード

リラックス　リフレッシュ
安心　安全　安らぎ　調和
協調性　バランス
ハートの真実　方向性
決断力　再生　スペース
嫉妬　優柔不断　八方美人

オススメアクション

- 深呼吸する
- 感情を書き出す
- 森や公園に行く

植物のグリーンが人々に安心感、リラックスを感じさせるように、グリーンの人は周囲に安心感や安らぎを与えることができます。また、グリーンは新しい生命力や再生能力も表し、リフレッシュできる色です。

グリーンは虹の7色の真ん中に位置する色なので、グリーンの人は周囲とのバランスをとりながら協調していくことができます。しかし、ときにはその優しさから八方美人と言われたり、優柔不断になったり、愚痴の聞き役になってしまったり…ということがあるかもしれません。

「隣の芝生は青い」という言葉があるように、グリーンの人は周りの人を羨ましく思ってしまうことが多いかも。安心、安定を感じさせる色ですが、安定はつまらなさにつながることもあります。自分の保守的な状態から周りの自由さを羨ましく思い、嫉妬につながりやすくなるので注意しましょう。

また、自分にとってたいしたことではないと思うことは譲れますが、大事だと思うことに関しては頑固に貫き通す面も持ち合わせています。

MISSION

ソウルカラーがグリーンの人の使命

グリーンの人は、縁の下の力持ちになれる存在。まずは、しっかり土台を築くことが目標になります。コツコツと努力する姿は周りの人に安心感を与え、大きな信頼を得ていきます。「サポートばかりで主役になれない」と思うことがあるかもしれませんが、グリーンの人がいなければ世の中は回りません。自分の価値、存在の大きさに自信を持ち、自らを大きく育てていきましょう。そうすることで、やがて大きな木のような存在感を示し、人々に癒しや憩いの場を提供する森のような大きな人間性へと成長するでしょう。

この言葉をモットーに！

大きなハートと器を育てる

グリーンの人のコミュニケーション力アップ術

グリーンの人は、一緒にいる人に自然の中にいるような安心感や穏やかさを与えられるので、相談されることが多いでしょう。しかし、相手の話ばかり聞いていると、自分の本心が見えなくなってしまいますし、図に乗った相手から愚痴を吐き出すゴミ箱のように扱われる…ということにもなりかねません。

そんなときは、距離をおいて深呼吸し、自分のハートのスペースを広げていきましょう。呼吸とともにハートが膨らむと、自然体の自分に戻り、自分のハートの真実が見えてきます。ときには、自分の感情を吐き出すことも大事。自分のハートが求めているもの、自分がやりたいことの方向性がわかったら、リラックスして相手に伝えると、新たな道が拓けます。

グリーンの人に好かれるには？

グリーンの人は感情を抑えがちで、言いたいことを我慢していることがあるかもしれません。ときにはあなたが空気を読み、自然のグリーンのような穏やかな雰囲気をまとい、グリーンの人の相談役になってあげましょう。そうすることで、グリーンの人は心を開いてくれるでしょう。

友人・異性の場合、森や山にハイキングに出かけて自然体で接すると、距離感、時間感覚が同じになり、リラックスして本音を語り合えるようになります。図書館で一緒に落ち着いて本を読むのもオススメです。目上の人の場合は、不言実行で誠実な態度を心がけると、仲間意識が芽生えます。目下の人には、小さなことでも相談に乗ってあげると慕われます。

グリーンを読み解こう

1 死の世界からの再生復活の色

映画『マトリックス・リローデッド』のイメージカラーはグリーン。イベントではグリーンカーペットが用意されていました。グリーンには「死の世界からの復活」「生、意識を呼び覚ませ」というような意味があります。

2 野菜のグリーンは体の調整役

最も身近なグリーンといえば野菜です。野菜は人間の体を機能させるためになくてはならないビタミン類を多く含んでいます。ビタミンとはラテン語で「vita＝生命」という意味を含む言葉であり、生体の正常な発育や生命活動に欠かせない働きを担っています。生命力、再生能力などの意味を持つグリーンの色のイメージとぴったり合うのも、きっと偶然ではないでしょう。

3 緑茶は日本らしい概念の象徴

日本のお茶といえば緑茶。飲むとホッとしたり、深いリラックスを感じたりします。欧州からやってきた紅茶は赤系の色合いで、ヨーロッパ人らしいハッキリとした印象があるのに対し、日本文化を代表する緑茶は中間色のグリーン。日本人のノーともイエスとも言わない「曖昧さ」「中間を保つ」「和をもって尊しとなす」というような概念を感じさせます。

4 食欲増進には、プラスグリーン

食欲色と言えば、レッド、イエロー、オレンジを思い浮かべますが、忘れてはならないのがグリーン。グリーンが入って初めて食べ物は彩りが引き立ちます。血の色であるレッドに対して、補色であるグリーンの野菜は血をサラサラにし、アルカリ性に保つ役割があります。レッドにとってもなくてはならないものなのです。

色が教える本当のあなた

TURQUOISE

ターコイズ

自由を愛する個性派

長所

- クリエイティブな才能がある
- 自由なフィーリングを持つ
- 個性を活かしている
- 遊び心を持っている

短所

- 劣等感がある
- 理想が高い傾向がある
- 思っていることが言えない
- 集団行動が苦手

恋愛傾向

- 縛られない自由を好む
- アクティブなデート
- フットワークが軽い
- 飽きっぽい傾向

向いている職業

- アーティスト
- デザイナー
- ツアーコンダクター
- 冒険家

キーワード

創造性　個性

フィーリング

マスコミュニケーション

自由　人道的　自己探求

劣等感　孤独

オススメアクション

- 創作活動をする
- 海に行ったり、水族館でイルカを見る
- 自己探求のセラピーを試す

ターコイズは「南国の美しい海の色」「イルカの色」と言われ、ターコイズの人は、イルカのような自由さと遊び心を持ち、また、人の心を読むイルカのような人道的理想を高く持っています。

ターコイズは、ブルーの持つ「自分の内側を大事にする面」を本質に、イエローの「自我」がプラスされた色なので、自分の特色を表現する個性的な面を持っています。フィーリングやインスピレーションを大事にしており、ブルーの執筆の才能に加え、絵やダンスや歌、料理や手芸など、クリエイティブな才能に恵まれているでしょう。

しかし、自分の内側に感じることがたくさんあふれすぎて、口に出してうまく表現できないという場面があるかもしれません。表面は明るい南国の海も、海底は冷たく、どこまでも沈んでいくような深さがあるように、孤独感や劣等感を抱くことがあるのも自然なことでしょう。

ターコイズが表す海。その奥深くは潜在意識を表し、自分とは何かを探求していく色といえます。

MISSION

ソウルカラーがターコイズの人の使命

ターコイズの人は、いかに自分の個性を表現し、自由に生きるかがカギ。ターコイズの人の表現方法はアーティストのように多彩！　あふれるフィーリングをクリエイティブな感覚で形にしていくことが目標です。「クリエイティブな才能がない」と思っている人もいますが、できないと思い込んでいるだけかも。たとえば、SNSへの投稿も才能開花のきっかけになるので、自分に制限をかけず「好き」という感覚を大事にして、海のように広がる自由を体現すると、新しい時代の先導者として世の中に貢献していけます。

この言葉をモットーに！

自分の自由を愛する

ターコイズの人のコミュニケーション力アップ術

ターコイズの人は、自由人で自分にフォーカスするのが得意なので、ときには集団行動が苦手だったり、空気が読めなかったりすることがあるかもしれません。自分が自由を感じているときはいいのですが、自分で制限をかけていたり、表現ができなかったりすると、人との距離感を難しく感じることがあるかも。そんなときは、瞑想などをして潜在意識に深くアクセスしていきましょう。

すべての人と会話する必要もなく、人と同じコミュニケーション手段でなくても大丈夫。大事な人には自分の奥から出てくる言葉をつづったり、絵を描いたり、小物を作ったりして、自分の深い部分を感じながら表現することで、ハートからのつながりを得られます。

ターコイズの人に好かれるには？

ターコイズの人は束縛を嫌います。自分のやり方を押し付けたり、無理強いをせず、ペースを合わせてあげると、自然のリズムが生まれます。友人・異性の場合は、一緒に海に行ったり、水族館に遊びに行ったりすると、リラックスして接することができるようになります。

「お互いに無理をしない自由な感じ」「言葉がなくてもハートでつながれる」そんな感覚を育てていきましょう。目上の人の場合は、相手のタイミングに合わせて声がけを。目が合えばそのサイン。にっこり微笑んで同調していくと、シンクロが多くなります。目下の人の場合は、できるだけその人のやり方を尊重しましょう。信頼して任せることで能力を開花させてあげられます。

ターコイズを読み解こう

1

新しい「風の時代」を表す色

西洋占星術によると、2020年12月22日、「地の時代」から「風の時代」へと変わりました。風の時代とは、物質や場所にとらわれず、目に見えない風のように軽やかに、経験や情報、自分だけの幸せに価値を見出す時代。ターコイズは自由に個性を表現していく風の時代を表す色です。また、風の時代は「水瓶座の時代」とも言われ、水瓶座にはターコイズの色が当てはめられています。

2

ラリマードミニカ

ターコイズより優しい色合いのラリマーという鉱物があります。ラリマーはドミニカ共和国でしかとれない希少な石で、命を育む母なる海の象徴。ターコイズが男性性を表すのに対し、同じターコイズ色でも、ラリマーは女性性を表します。世界三大ヒーリングストーンの一つで「愛と平和」「安らぎ」「癒し」などを表し、手にしたものを包み込む母の大きな愛を感じさせます。

3

交流の国トルコとターコイズ

人気の鉱物、ターコイズの和名はトルコ石ですが、トルコで産出されるわけではなく、トルコを経由して広まったことから「トルコ石」と名付けられたと言われています。トルコは西洋東洋の文化を自由に取り入れた国。ターコイズの色にも「自由に取り入れる」「広がる」「多くの人へのコミュニケーション」の意味があるのです。

4

ファーザースカイを表す

ターコイズはネイティブアメリカンの石でもあります。「マザーアース＆ファーザースカイ」と呼ばれ、母なる大地はコーラルを、父なる空はターコイズを意味しています。コーラルとターコイズは補色の関係で、大いなる女性性と男性性を表します。

ブルー

平和を愛する自己探求者

長所

- 穏やかで平和的
- 信頼できる人
- 自己内観ができる
- 冷静な判断ができる

短所

- 言いたいことが言えない
- 孤独な面がある
- 権威に弱い
- しなくてはならないという義務感が強い

恋愛傾向

- 信頼できる人を求める
- 相手に合わせる傾向
- ケンカしないよう我慢する傾向
- 奥手なタイプ

向いている職業

- 作家
- 編集者
- 教師
- カウンセラー

キーワード

平和　冷静　信頼
内向性　コミュニケーション
神聖　自由　創造力
理知的　父性と母性　権威
忠実　孤独
悲しみ　憂鬱

オススメアクション

- キレイな水をたくさん飲む
- 日記や手紙を書く
- 青空を見上げる

ブルーは空の色、海の色、地球の根源を表す色であり、果てしない自由、主に精神的な面を表していることから、人は青を見ると、平和で落ち着いた気持ちになります。

ブルーの人は、自分の内面を深く掘り下げ、冷静に自己探求ができます。自己探求の先に得た内面的成長は解放感につながります。常に冷静に落ち着いた思考、判断、行動ができる一方、内側に入ることで孤独、寂しさを感じることもあるでしょう。また、日本人はブルーを好む人が多く、穏やかで平和的、真面目で従順といった民族性も表しています。

ブルーには2つの側面があり、父性や父親に守られるような保護を表すとともに、聖母マリアのような母性や慈愛を表す色でもあります。

また、ブルーは神聖な色。すべてを超越していく天の色です。仏教でも「一切空《いっさいくう》」という言葉があるように、ブルーを選んだ人は精神的な成長の先の自由を希求しているのでしょう。青は「ワンネス＝すべては一つであるという概念」に通じている色なのです。

MISSION

ソウルカラーがブルーの人の使命

ブルーの人は空想力、想像力に優れ、執筆などの文化的才能や絵などの芸術的才能を持つ人が多くいます。精神的な成長の先の自由を希求しており、哲学的に人を導くことができます。表立って先導するタイプではありませんが、ブルーの人の日常や人生に向かう態度は多くの人の気づきにつながるでしょう。感じたこと、考えたことを自分のものだけにせず、躊躇せずにその神聖な広がりを多くの人に伝えることが人生の目標。人間の平和と神聖さの概念を、父性と母性の両方から体現していくことが求められます。

この言葉をモットーに！

内なる神聖さを広げる

ブルーの人のコミュニケーション力アップ術

チャクラ（32ページ参照）では、ブルーはのどの色。話すことに関わりのある色なので、教師や司会業といった仕事では流暢に話せます。

しかし、自分のことになると、言いたいことが言えない、自分の感情を言葉に出せないといった人が多く見られます。権威に弱く従順になってしまいがちですが、本来、ブルーの人は言葉を飾らない真っすぐな人であり、的を射た視点で客観的に物事を見ることができます。自分の気持ちや意見で場が救われるのだと、自信を持ちましょう。小川のせせらぎをイメージして、のどの詰まりを流すイメージをするとスムーズです。すぐに言葉にすることが難しい場合は、メールや手紙のコミュニケーションがオススメです。

ブルーの人に好かれるには？

ブルーの人は、平和と信頼に重きをおいています。その場しのぎで都合よく合わせるのではなく、不言実行の態度で接すると、ちゃんと見ていてくれます。

友人・異性の場合は、思っていることや気づきなどをシェアし合うと仲が深まります。二人の未来の青写真を語り合うことで精神的共有が進みます。目上の人の場合は、まず、自分のことにしっかり取り組みましょう。周りに左右されず、自分にフォーカスしてなすべきことをしていると、信頼が生まれ、つまずいたときには深く相談に乗ってくれます。目下の人の場合は、父親のような大きな懐で見守り、つかず離れず、ポジティブな言葉を投げかけていくとよい関係が築けます。

ブルーを読み解こう

❶ 解放への希求

「ブルーリボン運動」は、北朝鮮に拉致された日本人拉致被害者を救出するための運動。ブルーリボンは、日本と北朝鮮を隔てる「日本海の青」と被害者と家族を唯一結んでいる「青い空」をイメージしています。

❷ ピカソの青の時代

パブロ・ピカソには、作風の変化に合わせて「青の時代」と呼ばれる時期があります。親友カサヘマスの自殺に大きな衝撃を受け、ブルーを基調とした色調で、カサヘマスや乞食、盲人、娼婦、道化師、洗濯女などを描き、自分の中の孤独や悲しみで、キャンバスが青く染められています。「芸術は悲哀と苦悩の娘、悲しみこそ瞑想の場である」という当時のピカソの信条が表れています。

❸ ジャパンブルーの美しさ

日本は古くから藍染めの技術が発達していたことから、ブルーの表現が多彩。染め色の薄い順に、藍《あい》白《じろ》、水《みず》縹《はなだ》、瓶覗《かめのぞき》、水《みず》浅《あさ》葱《ぎ》、浅《あさ》葱《ぎ》、縹《はなだ》、藍《あい》、紺《こん》、留《とめ》紺《こん》といった、青を表すさまざまな伝統色があります。ギリシャ出身の記者であり、小説家、日本研究家でもある小泉八雲は「日本は藍の国だ」と表現し、英国人科学者R. アトキンソンは、藍色を「ジャパンブルー」と言って称賛しました。

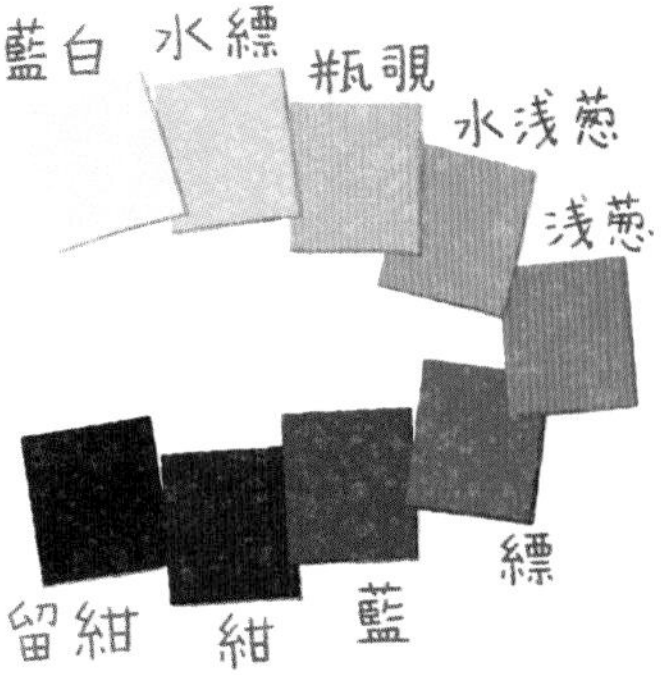

❹ 二面性の強さと揺るぎなさを表す

炎は、赤い部分よりも青い部分のほうが温度が高いのをご存じですか？　ブルーには強い意志、揺るぎない心が表れます。ブルーは高温と冷たさの二面性を持ち、理性と知性、隠れた情熱と強い感情を、同時に合わせ持ちます。

色が教える本当のあなた

ROYAL BLUE

ロイヤルブルー

直感力を活かすカリスマ

長所

- 直感力がある
- 先見の明がある
- 的を射た発言ができる
- 自分の世界観がある

短所

- 逃避願望がある
- 権威に弱い
- 自分の世界に引きこもる
- 孤高で孤独

恋愛傾向

- 精神的つながりを重視
- お互いの世界観を大事にする
- 心を許すのに時間がかかる
- 寂しがり屋だが干渉を嫌う

向いている職業

- プロデューサー
- 神職
- ヒーラー
- 占い師
- クリエイター

キーワード

直感力　サイキック能力

深い平和　秘密主義

逃避主義　厳格　権威

困難　憂鬱

孤独 孤高

オススメアクション

- 教会に行ってみる
- 夜空、星を眺める
- 美しい音楽を聴く

ロイヤルブルーはイギリス王室の公式カラー。血統のよさを表す「ブルーブラッド」という言葉もあり、特別感やカリスマ性も意味します。

チャクラ（32ページ参照）では、眉間にある第三の目を表すので、ロイヤルブルーの人は直感力に優れていることが多く、超能力的なサイキック能力を秘めた人も多いでしょう。中世では王様の直感力、判断力が国の運命を握っていました。現代では、直感力や先見の明を駆使し、一代で会社を成り立たせるという人も多く出ています。

日本では、ロイヤルブルーというよりも藍や明るい紺色といったほうがイメージしやすいかもしれません。紺色が服従を表す制服のカラーに用いられるように、ロイヤルブルーは権威に弱い傾向があります。また、ブルーの明るい青空や海のイメージとは異なり、宇宙を思わせる深いブルーで神秘を表します。自分の内側深くに入り込む傾向が強く、孤独を感じている、孤高の人かもしれません。自分の世界に引きこもり、秘密主義であったり、逃避主義の傾向が見られます。

MISSION

ソウルカラーがロイヤルブルーの人の使命

ロイヤルブルーの人は、スピリチュアル的指導者の素質があります。目に見えない神仏にも通じるところがあるので、神職や人の道を教える教師、癒しを施すヒーラーなどにも向いています。自分の世界観を大事にするため、引きこもりがちな面がありますが、時代を引っ張るリーダー的存在として自分を成長させられるかがカギ。宇宙的な深遠さを理解し、自他ともに、いかに懐の深さを育てていけるかが目標です。それを意識することでカリスマ性が発揮され、新時代を牽引していくことが求められています。

この言葉をモットーに！

直感に従い導く

ロイヤルブルーの人のコミュニケーション力アップ術

自分の世界観を大事にしているので、プライドが高い面があり、その深遠な感じが人を惹きつける一方、壁を感じさせることがあります。また、発言がストレートで的を射すぎているために、悪気はなくても人を傷つけることがあるということに気づきましょう。

「自分が見ている側面と、相手が見ている側面には違いがある」という広い視野を持つこと、そして、ゆったりと構えることが大切です。気づいたことをストレートに発言せずに一旦おき、笑顔と大きな懐で見守ることで、真に秘められた優しさが顔を出し、人間関係がよくなります。また、最初に相手の感情を聞いてあげることで、コミュニケーションがよりスムーズになります。

ロイヤルブルーの人に好かれるには？

ロイヤルブルーの人は、自分の世界に土足で入ってくるような言動を嫌います。急に馴れ馴れしく接するのではなく、焦らず、時間をかけて信頼を勝ち取っていきましょう。

友人・異性の場合は、相手を尊重することから。ロイヤルブルーの人は内側に秘めた想いがあり、それを素直に口に出すことが苦手なので、母親のように優しく包み込み、ゆっくりと話を聞いてあげると心を開いてくれます。目上の人の場合は、尊敬の念で相手を立てると、よい関係性になっていきます。目下の人は、権威のある人、地位の高い人に弱い面を持っています。本心を隠して従順さを装い、内に不満を抱えていることもあるので、フランクに接することを心がけましょう。

ロイヤルブルーを読み解こう

❶
最も古くからある特別な石
ラピスラズリ

霊性を表すロイヤルブルーの石、ラピスラズリの和名は瑠璃《るり》。天を象徴する色、聖なる石と崇められ、仏教では極楽浄土を飾るとされる七宝の一つとされています。エジプトでも最高の力を秘めた護符《ごふ》として、黄金に匹敵するほどの価値を与えられることも。

❷
虹の7色に数えられる藍

虹の7色は国によって表現される色が違います。日本では、赤・橙・黄・緑・青・藍・紫の7色。藍は他の色名に比べてメジャーではないように感じるかもしれませんが、日本人にとって藍はロイヤルブルー。虹の7色に入っていることからも、黒っぽさがある紺色ではなく澄んだ濃い青で、青紫寄りの色であるとわかります。

❸
ロイヤリティーを表す色

イギリス王室の石サファイアは、α波やβ波といった高周波の宇宙線をキャッチし、インスピレーションや冷静な判断力を高め、サイキック能力を開花させるパワーがあります。古代より、王族の装飾品によく使われている特別な色です。

❹
第3の目

チャクラでは、ロイヤルブルーは眉間の第3の目の色を表します。五感をフルに使うと、第6チャクラである第六感が開き、見えざるものを見る目を通して直感力が高まります。第3の目は脳にある松果体《しょうかたい》と関係しています。松果体は睡眠ホルモンであるメラトニンを分泌する器官であり、ニワトリや魚など多くの動物では、光を感じる第3の目として機能しています。

色が教える本当のあなた

VIOLET

バイオレット

精神性が高いスペシャリスト

長所

- 周りに精神的癒しを与えられる
- 包括的思考力がある
- カリスマ性がある
- 美意識が高く芸術性に富む

短所

- 現実逃避願望がある
- ナルシスト的傾向
- 喪失感を持ちやすい
- 憂うつさがある

恋愛傾向

- 精神的に高め合える関係性
- 相手を尊重する
- クールで恋愛に溺れない
- ナルシスト的傾向

向いている職業

- セラピスト
- 宗教家
- 芸術関連
- 研究者

キーワード

癒し　神秘性　奉仕
精神性　高貴　カリスマ性
芸術性　変化　変容
二極のバランス　二元性
スピリチュアリズム
現実逃避　喪失感　悲しみ

オススメアクション

- 瞑想をする
- チャリティーに参加する
- 男女性のバランスを意識する

バイオレットは、レッドとブルーという相反する性質が混ざり合った色。「情熱的で外交的なレッド」「冷静で内向的なブルー」という複雑で包括的な思考、感情を秘めています。ほかにも、陰と陽、女性性と男性性、肉体と精神、右脳と左脳、大人っぽさと子どもっぽさ、理想と現実など、二律背反な面を融合させた神秘の色です。つまり、バイオレットの人は二元性をバランスよく組み合わせている、不思議な魅力にあふれた人なのです。

かのクレオパトラは、古代ローマの英雄であるシーザーを誘惑するときにバイオレットを使ったと言われています。日本でもバイオレットを愛する著名人が多く、カリスマ性、芸術性に優れ、美意識の高い人が多いようです。

昔はバイオレットの染料が高価で、バイオレットの衣は高い身分の人しか着ることができなかったこともあり、バイオレットには高貴、荘厳、上品、優美などの意味があります。高僧の袈裟《けさ》やローマ教皇のローブの色に見られるように、精神的に権威のある人、他人に奉仕をしている人が身につけてきた色であり、癒し、奉仕の色なのです。

MISSION

ソウルカラーがバイオレットの人の使命

バイオレットの人は精神的に豊かで、「人の役に立つ仕事をしたい」と思い、哲学やスピリチュアリズム、ボランティア活動などにも関心があります。成功のカギは「理想と現実」など二元性のバランス。陰陽、男女性などのバランスを崩し、思い悩んで行動できなくなることがないよう注意が必要です。目標は「精神的な死と再生」というあらゆる二極を乗り越え、人生を深く追求し掘り下げていくこと。その先には、カウンセラーやヒーラーなど、多くの人の人生における変化、変容をサポートする役目が待っています。

この言葉をモットーに！

二極を統合し変容する

バイオレットの人のコミュニケーション力アップ術

バイオレットの人は多面的に包括的な思考ができるので、相手の立場に立って考えてあげようと努力します。でも、無意識に自分の中のバランスをとろうとするあまり、矛盾やストレスを感じることも少なくありません。

　また、神秘的な魅力があるので、本人は無意識でも相手に独特な距離感を感じさせることがあったり、周りの人から「上から目線だ」と思われたりすることがあるので、態度や言葉遣いに注意しましょう。

　バランスは自然にとれるものです。深く考え込まず、そのときの人間関係を楽しみましょう。あなたの率直な意見は、ゆくゆく相手のためになることが多いので、リラックスして伝えることが大切です。

バイオレットの人に好かれるには？

バイオレットの人はミステリアスな面があり、独特な感性を持っているので、世俗的な話題よりも、専門的な事柄や芸術的な事柄のほうが、会話が盛り上がります。

　友人・異性の場合は、舞台や美術館など、芸術的文化を一緒に楽しむと、深くつながれます。バイオレットの人は達観したところがあるので、小さな悩みごとなどを伝えた場合、バッサリ切り捨てられたかのように感じることがあるかもしれませんが、本来、幅広く共感してくれる人です。目上の人の場合は、距離感を気にせずに相談事などをもちかけてみましょう。頼ることで誠心誠意、深い答えを与えてくれます。目下の人の場合は、相手のセンスを褒めてあげると好感を持ってくれます。

バイオレットを読み解こう

❶

染料が語源の高価な色

古代ヨーロッパでは、バイオレットの染料は「プルプラ」と呼ばれる貝2000個からたった1gしか採取できず、非常に高価でした。バイオレットと同系色の「purple」の語源もプルプラ（purpura）からきています。

❷

宗教者が身につける
ヒーリングストーン

世界三大ヒーリングストーンのうち、チャロアイトとスギライトはバイオレットです。また、アメジストは、邪気を払い、浄化を促し、精神を安定させて内面に静けさと平和をもたらしてくれます。アメジストの語源はギリシャ語で「酒に酔わない」。悪酔いしない、悪い誘惑から守る、という意味から、多くの宗教者が身につけています。

❸

バイオレットは
心身の治療に使われれる

古くからバイオレットは精神と肉体の両方の治療に使われてきました。時代劇などで病気になったお殿様が頭に紫色の鉢巻きを巻いているのを見たことがあるでしょう。染料の紫草の根は薬草であり、抗炎症・解毒・解熱の薬効があるとともに、神秘的な紫が邪気を祓い、魔除けになると信じられていました。

❹

最高の徳を表す尊ばれた色

中国から渡来した五色《ごしき》（赤、青、黄、白、黒）。日本では黒の代わりに紫を最高の「徳」に対応させており、推古天皇の時代に制定された冠位十二階でも最高位の色でした。また、中国でも紫は五色以上に尊ばれ、孔子は「紫の朱《あけ》を奪うを憎むなり」と言い、本来正式ではない紫が赤よりも貴ばれる風潮を嘆いたと言われています。

マゼンタ

慈悲深い博愛主義者

長所

- 細かい気配りができる
- 慈悲慈愛があり献身的
- 小さなことに幸せを感じられる
- ありのままの自分を知っている

短所

- 頑張りすぎる傾向
- 完璧主義的傾向
- 被害者意識がある
- 執着し溺愛する傾向

恋愛傾向

- 思いやりがある
- 理想が高すぎる傾向
- 大人の感覚で割り切る
- 溺愛する傾向も

向いている職業

- 福祉関係
- カウンセラー
- 思想家
- 宗教家

キーワード

慈悲　慈愛　気高さ　奉仕
献身　審美眼　共感
小さなものへの愛
ありのまま　神聖な愛
完璧主義　被害者意識
執着

オススメアクション

- ありがとうの言《こと》霊《だま》を唱える
- 日常の小さな奇跡を意識する
- 完璧を手放し、手を抜いてみる

マゼンタの色名は、クリミア戦争の激戦地であったイタリアのマゼンタに由来しています。クリミア戦争の終結時、マゼンタ地方の石炭から抽出された原料からフクシンという赤紫色の染料ができました。戦争によって流された多くの血、命を想い、この地で生まれた合成染料の色を「マゼンタ」と名付けたと言われています。マゼンタの色名には、深い愛や慈悲が込められています。

マゼンタの人は、愛情深く、慈悲深く、日常の小さなことに幸せを感じられます。また、マゼンタは日本の色とも言われており、マゼンタを選んだ人は、日本人らしいおもてなしの精神で細かいところにも心配りができる、気の利く人でしょう。ただ、気が利くということは、いろいろな、粗《あら》も見えてしまいがち。自他ともに厳しく、完璧を求めて頑張りすぎてしまう面があります。

マゼンタは、チャクラ（32ページ参照）では、頭上にありながら、足にある赤のエネルギーも多く持っています。これは、現実の中で慈悲、奉仕を体現できる強さを持っていることを表します。

MISSION

ソウルカラーがマゼンタの人の使命

マゼンタの人は慈悲深く、思いやりにあふれています。精神性の高さを発揮し、多くの人に共感していくことで、大きな器を育てることが目標。自分の理想、完璧を求めるがあまり、自分にも他人にも厳しくなることがありますが、まずは、できていない自分を許すことから始めましょう。好きな自分も嫌いな自分も、天使の自分も悪魔の自分も、清濁合わせのんだ先に、ありのままの自分を体現できるのです。現実を無視した表面的なスピリチュアルではなく、人のために行動できる自分になることが求められています。

この言葉をモットーに！

全体を俯瞰した愛の行動をとる

マゼンタの人のコミュニケーション力アップ術

マゼンタの人は細かなことにすぐ気がつき、気配りができるため、色々なことを自分で背負い込んでしまいがちです。ときには疲れてしまったり、気がつかない人に不満を感じたり、そんな自分にジレンマを抱えてしまったり…。こうしたことがストレスにつながるので注意が必要です。

ときには、周りの人を頼りにしたり、「お願いします！」と、甘えてみましょう。あなたが完璧を手放し、よい加減で手を抜いてみることで、周りの人との距離が近くなって、より仲良くなれたり、あなたに頼ってばかりだった人の自立や成長を促し、真の助けにつながります。その結果、不要なストレスや疲れを溜めないコミュニケーションを築けます。

マゼンタの人に好かれるには？

マゼンタの人は周りの人をちゃんと見ています。気遣いができる人、頑張っている人をちゃんと応援してくれますし、困っている人、悲しんでいる人には、手を差し伸べてくれます。そして、言葉や表情に出さなくても、ずるい人、自分勝手な人に対しては厳しい目を向けているでしょう。

友人・異性の場合は、マゼンタの人が頑張っている事柄に気づいて、「手伝うよ」と声をかけたり、協力したりすると喜んでもらえます。目上の人の場合は、その人が関心を持っている趣味やニュースを話題にすると懐に入っていけます。目下の人の場合は、「頑張ってるね、ありがとう」と、声をかけてあげると信頼につながります。

マゼンタを読み解こう

1
すべてを包括するエネルギー

チャクラでは、マゼンタは頭上に位置する色です。精神性の高さを表し、宇宙ともつながるマゼンタは、実は、チャクラの足の色であるレッドを、たくさん含んだ色であり、レッドからバイオレットのすべてを包括するエネルギーなのです。

2
見えざる神聖な色

ゲーテは、著書『色彩論』の中でマゼンタを「見えざる色」であると言っています。ゲーテは、自然科学者として観察眼的に色彩を語り、「マゼンタはすべての色を内包した色であり、不思議な奇跡の現象でのみ見える」と捉えています。マゼンタは神聖なる世界と密接に関わっている未知の領域を表すのです。

3
物理学的にも不思議な色

ニュートンは、プリズムを使って色を分解する実験を行いました。これを光のスペクトルと呼び「虹は7色」だと説明されるようになりました。しかし、実は、虹のスペクトルの中に紫色に見える特定の波長は存在していません。特に、マゼンタ（赤紫）は、可視光線の両端の短波長、長波長、両方の波長を同時に感じるときに見える色であり、物理学的に見ても、不思議な色なのです。

4
蓮の花は悟りを開いた象徴

蓮の花は、チャクラでは頭上のマゼンタを象徴。チャクラのエネルギーが、すべて開いて頭上まで昇ると、悟りを開いたことを意味し、それは、蓮の花が開いたようなイメージで表されます。仏教でも蓮の花は涅槃の象徴です。蓮の花はピンク系で描かれることが多いですが、チャクラでは、ピンクは一番下のレッドに属し、赤紫は一番上の頭上にある色。見た目や意味は似ていても、根本的性質に違いがあります。

色が教える本当のあなた

PINK

ピンク

優しさと母性が豊かな人

長所

- 優しさ、思いやりがある
- 親切で世話好き
- 母性が豊か
- 女性的直観力がある

短所

- わがままな傾向がある
- 愛を求めすぎる傾向
- ひがみっぽくなる傾向
- 繊細で傷つきやすい

恋愛傾向

- 相手に献身的になる
- 母性愛が強い
- 見返りを求めがち
- 愛が重くなりがち

向いている職業

- 看護師
- 保育士
- サービス業
- 秘書

キーワード

無条件の愛　優しさ
女性性　母性　思いやり
親切　自己受容
女性的直観力　繊細　甘え
わがまま　傷つきやすさ
愛の渇望　承認欲求

オススメアクション

- 家族とハグをする
- ピンクの下着を身につける
- 自分で自分を褒める

ピンクは、愛の色、優しさの色。子宮内壁の色であり、誰もがお母さんのお腹の中にいたときのような優しい安心感を感じる色です。ピンクの人は、男女を問わず女性性が豊かで思いやりが深いでしょう。また、真のしなやかな強さとともに、すべてを受け入れる無条件の愛を表します。

ピンクの愛には「愛を与える」というテーマがある反面、「愛されたい」という気持ちが大きく関わっています。人間誰しも無条件の愛を与えるのは難しく、他人に親切にする行為の裏には「優しくしてほしい」「認めてほしい」「かまってほしい」という深層心理が隠れています。

ピンクの人は世話好きであることが多いのですが、その好意を受け入れてもらえないと、ひがみっぽくなることもあるのです。また、ピンクはスイートな色ですから、甘えの象徴でもあります。

ピンクには、あらゆる面でどんな自分も無条件に受け入れる「自己受容」のテーマがあります。ピンクが気になったら、「素直に自分自身を受け入れる」というテーマを自分自身に問いかけてみましょう。

MISSION

ソウルカラーがピンクの人の使命

ピンクは赤に白を混ぜた色なので、基本は赤と同じ性質を持ち、赤のようなエネルギーの強さに加えて、すべての光の光線を含む白のような愛の広がりを表します。しなやかな強さを身につけていくのが成長のカギとなり、その豊かな愛情を現実的に使っていくのが人生の目標。まず、自分自身を受容していくことが大事です。他人の評価に依存せず、どんな自分も受け入れていくことで、愛の泉が涸れることなく、パワーを使っていけます。そうすることで、本当の意味で優しさの愛を広げていくことができるのです。

この言葉をモットーに！

無条件に自己受容し愛を広げる

ピンクの人のコミュニケーション力アップ術

ピンクの人は2つのタイプに分かれます。1つは、甘え上手なタイプで、ときには依存し、自立できない状態に陥ることも。2つめはその逆で、人に甘えるのが難しいと感じ、女性性を受け入れられないタイプです。

ピンクは、俗に言う女の子らしさを表しますが、一昔前のような女の子らしさを押し付けるような価値観を払拭し、女性性の真のしなやかさを意識することが大事です。

どちらのタイプも、根本的な原因は自分ができないことへのコンプレックスです。自分の内側のテーマを見つめ、いらぬ思い込みや抵抗をやめて素直になると、先述のような極端な2つのタイプにふれることなく、人間関係もスムーズになっていきます。

ピンクの人に好かれるには？

ピンクの人は、自分の有り余るエネルギーを優しさに使い、行動したいタイプなので、困ったことがあったら、小さなことでも相談してみましょう。喜んで親身になって寄り添ってくれます。

友人・異性の場合は、積極的に話しかけ、自分の趣味に関することや、少し面倒なことにでも「一緒につきあってくれる？」と、誘ってみると、共有する時間が増えて、エネルギー交換が進みます。目上の人の場合も、「手伝ってもらえますか？」と素直にお願いしてみると、親密度がアップするでしょう。目下の人の場合は、ときどきお菓子を差し入れしたり、食事に誘ってみたりすると、兄弟姉妹のように仲良くなれます。

ピンクを読み解こう

1

女性の病気を救う

ピンクリボン運動は、アメリカから始まった乳がんの早期発見、早期診断、早期治療の大切さを伝える活動。乳がんや子宮がんは女性の病気です。スピリチュアルな考え方では「心と体はつながっている」とされ、こうした病気とピンクのエネルギーや自分の女性性を受け入れることとの関わりが語られています。

2

子宮で感じる直観

「女は子宮で考える」という言葉があるように、女性は特有の直観力を持っています。点を線につなぎ、浮気にピンとくるといった、右脳的直観力もピンクの人の特徴。女性の子宮的感性は、自分の欲しいものをつかむ本能のようなものなのです。

3

ピンク嫌いは深層心理に嫉妬と羨ましさが

「ぶりっ子嫌い」「あざといのは許せない」という人は、自分の女性性を受け入れていないことへの裏返しかもしれません。洋服の色や形にも影響があり、ピンクを着られない、スカートを穿かないという現象につながります。それは、女を使うことをよしとしない世間の風潮にも起因しますが、深層心理には、素直に女性を活かしている人に対する嫉妬や羨ましさが隠れているのです。

4

女性は先天的に甘いもの好き

男女を問わず、ピンクを好む人は女性性が強く、女性の多くは先天的に甘党だと言われています。人間の赤ちゃんのミルクを用いた実験では、女の子のほうが甘いミルクを飲み、ラットを用いた実験でもメスのほうが甘党であることが判明しています。男性でも甘いものやピンクを好む人は女性性が高く、優しい人が多いようです。

白

あらゆる可能性を試す時

長所

- 純粋である
- 正直で正義感がある
- ニュートラルである
- 清廉潔白

短所

- 警戒心が強い
- 繊細でガラスのハート
- 潔癖である
- 完璧主義的傾向

恋愛傾向

- ピュアな恋愛を好む
- 相手のタイプに合わせる
- 相手に対する理想がある
- すぐに相手に馴染めない

向いている職業

- 医者
- 看護師
- 聖職者
- カウンセラー

キーワード

浄化　可能性　純粋
無垢　無邪気　新生　清潔
スタート　正義感
完璧主義　繊細　虚無感
悲哀　苦しみ　潔癖

オススメアクション

- 神社に参拝する
- 新しいことを始める
- サンキャッチャーを飾る

白は純粋無垢の象徴。清潔感があり、真新しさを表す色です。結婚式で新婦が白い衣装を着るように、白は処女性と純粋さを表すとおり、ホワイトの人は、純粋で何色にも染まれる柔軟性を持っています。その一方、汚したくないという警戒心、緊張感、強迫観念も。そこには、自分自身が汚れたくないという頑《かたく》なな拒絶感が隠れています。完璧主義な面もあり、目に見えないガラスが貼ってあるかのような距離を感じさせることがあるかもしれません。

日本では、白は神聖無垢な神の色、浄明正直を示す浄化、禊《みそぎ》の色。「白紙に戻す」という言葉があるように、白を選んだ人は、今の状況をクリアにしたいという気持ちがあるかもしれません。また、白を着ることで、ニュートラルな気持ちになり、白が中立な立場で判断や対応ができるようにもサポートしてくれます。

白はすべての光を反射した色であり、すべての色の光線が含まれた色。「あらゆる色の可能性」という意味がある一方、「無」も表します。無は何かを生み出す力の根源。白が気になるときは、潜在能力を発揮するときでもあり、一からスタートしたいという気持ちの表れかもしれません。また、無色透明なクリアは涙の色。繊細なガラスのハートを表し、心の中に涙がたくさん溜まっているような、苦しみを表すこともあります。

白の人のコミュニケーション力アップ術

白の人は、潔癖なところや完璧主義な面があり、知らず知らずのうちに表面に見えないバリアを張っていて、周りの人に距離を感じさせるところがあるかもしれません。

自分にも他人にも厳しくなりすぎると、息が詰まったような感覚になってしまうこともあるので、ときには息抜きをして、リラックスしましょう。

白い服を着るのもオススメ。白は明るさを表し「受け入れています」のサイン。カチッとした素材や堅いデザインではなく、洗いざらしの感じや柔らかさを感じる素材のものを用い、自然体でざっくばらんな態度で接すると、天使のような朗らかさが出てきて、コミュニケーションがスムーズになります。

白の人に好かれるには？

白の人は繊細な感性があり、傷つきやすい面があります。何でも合わせてくれるようでいて境界線を持っているので、いきなり土足で踏み込むような感じではなく、徐々に距離を詰めていきましょう。

友人・異性の場合、気持ちがプラスの状態であれば、自分の可能性を活かしたいタイミングや新しく何かを始めたい前向きな状態を表しますが、マイナスの状態であれば、悲しみや苦しみを溜め込んでいる可能性があるので、よく見極めて接しましょう。目上の人の場合、色々な提案をしてみると、ニュートラルな判断やアドバイスをくれるでしょう。目下の人の場合は、繊細さを意識し、言葉に気をつけてアプローチしていきましょう。

白を読み解こう

1

喪の色の変遷

中国や韓国では喪服や喪の色は白。現代の日本では喪の色は黒ですが、古くは日本でも白でした。時代劇で武士が切腹をするシーンでは白装束を着ているのを見たことがあるでしょう。日本で喪服の色が黒に変わったのは、明治時代。西洋文明の影響からなのです。

2

白いウエディングドレスの起源

ウエディングドレスに白が定着したのは19世紀ごろ。ヴィクトリア女王が華やかな白のドレスで盛大なロイヤルウエディングを行ったことから人気に火が着いたと言われています。ちなみに、古代ローマ時代のウエディングドレスはサフラン色だったようで、権力の象徴として、豪華な色や装飾の衣装が主流でした。

3

天使は白、悪魔は黒

ヨーロッパでは、白は光、黒は闇であり、白は天使、黒は悪魔を意味しています。白が善、黒は悪、白は真実、黒は偽善。白は勝利、黒は敗北を表します。白魔術はよい魔法で、黒魔術は闇の魔法。「white lie」は、善意の嘘、人を傷つけないためにつく嘘であり、「black lie」は、悪意に満ちた嘘、という意味になります。

4

西欧では平和の象徴

「白旗を挙げる」という言葉がありますが、西欧では昔から白は平和の象徴とされています。日本では、黒船で来日したペリーが、「降伏用に白旗を届けておく」という手紙とともに白旗を幕府に送りつけてきたことから「白旗＝降参」の風習が伝わったとのことですが、これも、もともとは、平和やニュートラルの意味合いからきたものです。

黒

弱さゆえ強い意志を突き通す

長所

- ○ 強い信念がある
- ○ 意志が強い
- ○ 威厳がある
- ○ 重厚感がある

短所

- ○ ストレスを溜めている
- ○ アイデンティティーを失っている
- ○ 自分を守る鎧をつけている
- ○ 心を閉ざしている可能性

恋愛傾向

- ○ 引っ張るタイプ
- ○ 相手に弱みを見せない
- ○ 自分を出せない傾向
- ○ 頑固で突っ張っている

向いている職業

- ○ 裁判官
- ○ 自衛官
- ○ 武道家
- ○ 金融系

キーワード

絶望　死　闇　恐怖
悲しみ　不安　強さ　根源
圧迫感　閉鎖的　ストレス
威厳　重厚感　厳粛
フォーマル

オススメアクション

- ○ 断捨離をする
- ○ 明るい色の洋服を着る
- ○ 弱音を紙に書いてみる

黒は闇の世界。恐怖や死を表します。光の白と対になる、古代より根源的な色です。光が希望であるのに対し、光のない黒は絶望を表すので、ブラックの人は何か心に重いものを抱えている可能性があるかもしれません。黒は「心を閉ざしている」というサイン。ストレス社会の現代、外側からの強い圧迫や枠組みに耐えている状態、あるいは抵抗しているという心理の表れでもあります。

黒は不吉を表し、生を否定する象徴でもあります。悲しみや恐れ、不安などを押し殺しているという意味があり、大震災や大きなテロ事件の後には、子どもが描く絵が黒やグレーといった色ばかりになることも。また、うつ病患者や自殺願望の高い人も、黒や黒っぽい色を選ぶことが多くなります。

また、よくも悪くも黒は絶対的な力の象徴。周囲に強さ、恐さのイメージを与えます。何色にも染まらない確固とした強さがあり、鎧のように用いることができますが、それは「弱い自分を見せたくない」という深層心理の表れでもあります。

黒は、強い意志を貫く際には強力な盾となりますし、高級感やフォーマル感を演出したいときや威厳を出したいときには効果的ですが、魂の色やアイデンティティが黒の人はいませんので、多用は控えましょう。

黒の人のコミュニケーション力アップ術

黒を選んだ人、黒の洋服をよく着る人は、大きく分けて2つのタイプがあります。1つは、確固たる意志や強さを持っている場合。もう一つは、ストレスや悲しみなど、暗い影がある場合。どちらの場合も、人に壁を感じさせてしまいます。

強そうに見えても、拒絶しているように見えても、それは弱さを隠したいから。「閉じている」という深層心理が働いています。

しかし、自分では気づかない潜在意識が助けを求めていても、閉ざした状態では周りの人が手を出しにくくなってしまいますので、ときには素直に感情を表したり、弱音を吐いてみましょう。そうすることで、冷えがちな人間関係が温まります。

黒の人に好かれるには？

黒の人は、一見閉じているように見えても、潜在意識では相手からのアプローチを待っています。小さな表情を見逃さないように、落ち着いて話しかけてみましょう。

友人・異性の場合は、気持ちがプラスの状態であれば、自己を確立していこうと立ち向かっていることが多いので、自信が持てるようによい部分を褒めてあげたり、持ち上げてあげたりしましょう。また、気持ちがマイナスの状態であれば、悲しみや苦しみを溜め込んでいる可能性があるので、息抜きに誘ってあげましょう。目上の人の場合、意向を尊重していくと関係がほぐれます。目下の人の場合は、ストレスを発散できるような場に誘ってみると、ガードが緩まります。

黒を読み解こう

❶

白と黒で10℃の温度差

黒は光線を吸収する色であると同時に熱も吸収します。熱帯地方で、白塗り、黒塗りの船を比較したところ、内部の温度差はなんと10℃！　かつて極寒地を探検する人たちは、飲料水の袋を黒く塗り、凍ってしまうのを防いだそうです。

❷

死の世界で反戦メッセージを表す

パブロ・ピカソの大作『ゲルニカ』は、白・黒・グレーの無彩色で描かれています。スペイン内戦中に空爆を受けた祖国スペインの町ゲルニカを主題にしたもので、反戦メッセージが込められています。無彩色は死の世界を表したもの。無彩色の冷たさは、悲しさ、寂しさ、怒りをも内包し、悲惨な感じがより感じられます。

❸

揺るぎない心の証

日本の仏教では僧侶の日常着の袈裟の色は黒。仏教に帰依し、煩悩、色欲に打ち勝つ揺るぎない心の証です。日本では主に神と仏が身近な信仰の対象ですが、神道では白が基調とされ、神と仏は陰陽の関係であることが窺えます。白も黒も絶対的な揺るぎなさを表す宗教的な色なのです。

❹

グレーの意味

グレーは白と黒でできており、曖昧さを表す色です。たとえば、グレーのスーツの場合、プラスの方向に働けば、会社組織や社会の中で相手の意見を柔軟に取り入れていけますが、マイナスの方向に働けば優柔不断に。また、グレーには憂鬱さや陰気なイメージがありますが、ニュートラルな色なので、合わせやすく落ち着きがあり、控えめな印象を与えます。また、アスファルトやコンクリートのような無機質さは、都会的でシックな印象を与えます。

色が教える本当のあなた

BROWN

茶

清濁合せのめる懐の深さ

長所

- ○ 落ち着きがあり堅実
- ○ 周りに安心感を与えられる
- ○ 包容力がある
- ○ 経験から学べる

短所

- ○ 腰が重い傾向
- ○ 保守的である
- ○ 頑固な面がある
- ○ 人生のつまらなさを感じている

恋愛傾向

- ○ ほっこり感を優先
- ○ お家デート志向
- ○ 相手を包み込む
- ○ マンネリになりがち

向いている職業

- ○ 公務員
- ○ 職人
- ○ 建築家
- ○ 教師

キーワード

落ち着き　包容力　安定
安心　ぬくもり　堅実
陰鬱　地味　忍耐　頑固
保守的

オススメアクション

- ○ 根菜類を食べる
- ○ 畑仕事など土いじりをする
- ○ テレビやネットを遮断する

茶は大地の色。大地が私たちを支えてくれるように、安定感、安心感があります。人間の拠《よ》り所となる色であり、複数の色が混ざってできる色なので、複雑な要素を含んだうえでの落ち着きを表します。

茶の人は、周りの人に安心感を与えられる包容力を持ち、大地のようにどっしりと構え、落ち着いた印象。地味な感じがあるかもしれませんが、気取りのない正直な温かさからくるものです。

茶色のイメージである大地は、生命の母胎。水や空気といった必要なものは通し、不必要なものは浄化します。茶の人はいろいろな経験から学び、よいものを吸収して自分の糧にできる人でしょう。

しかし、そのためには時間が必要。膨大な時間の積み重ねの中で、砂を噛むような思いをして、人生はつまらないと感じていたとしても、堅実な精神でコツコツ頑張れる人なので、経験を積むうえで忍耐力が増していきます。その結果、頑固になる面があったり、保守的になったりし、腰が重くなることがあるかもしれません。魂の色に濁りのある茶はありませんが、茶の人は、さまざまな経験を元に学んだことで包括的な物の見方ができるようになっているでしょう。茶は、現実を生きるための、清濁合わせのめる懐の深さを表します。

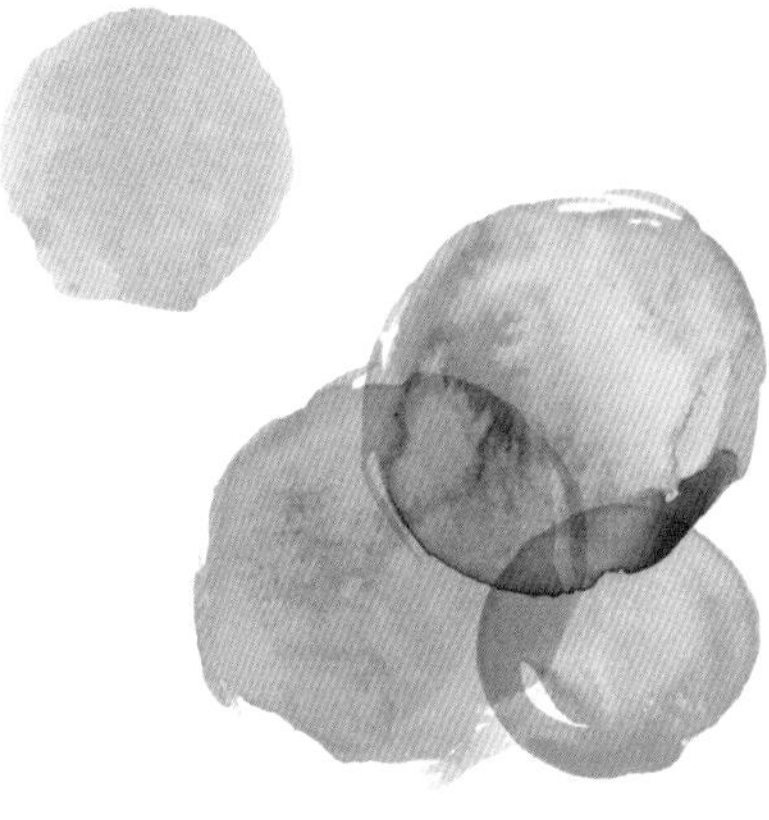

茶の人のコミュニケーション力アップ術

茶の人は温かく懐の深さを感じさせるので、周りの人の聞き役になることが多いでしょう。その優しさから、親身になって聞いてあげようとするのですが、相手のネガティブな思考も受け取ってしまいがちです。

それも、経験の一つとして糧になるのですが、あなたが落ち込むと周りの人のためにもなりません。**相手の状況に応じて、ときには厳しい態度で諭すということも必要**です。

相手の悩みに共感をしても、苦い思いは相手のものであって、あなたのものではありません。自分と相手との気持ちの境界線をしっかりと意識するようにしましょう。また、一人の時間を大切にすることで、本来の自分が目覚めていきます。

茶の人に好かれるには？

茶の人は聞き役、受け止め役になるのが得意ですが、その反面、自分を主張することや自分を活かすことが苦手です。茶の人に対しては、**自分の話ばかりをするのではなく、茶の人の話や悩みを聞き、順序立てて思考の整理を手伝ってあげると喜ばれます。**

友人・異性の場合は、ワクワクするような楽しいイベントなどにどんどん誘ってみましょう。茶の人は家にこもってストレスを溜めがちなので、発散する機会を作ってあげると喜ばれ、また、一緒に成長できます。目上の人の場合は、人生の岐路に立つようなときに相談事を持ちかけてみると懐に入っていけます。目下の人の場合は、食事やお茶に誘ってみると距離が縮まります。

茶を読み解こう

❶

ブラウンの色名の由来

「brown」は「焦げた色」を意味する古英語の「brun」に由来しています。10世紀前後から使われた古い色名ですが、ブラウンは英語圏ではあまり好まれない色です。「brown off」は「人をうんざりさせる、怒らせる」という意味であり、brownが形容詞になると「陰鬱な、憂鬱な」という意味を持ちます。

❷

日本人の瞳の秘密

日本では「朽葉色《くちばいろ》」のように、枯れていく自然の様をも愛でる日本独自の美意識により、さまざまな茶色が愛されました。源氏物語や枕草子でも、感性豊かな茶色の表現が登場します。こうした微妙な色合いを感じ取れるのは、日本人の瞳が黒や茶色であるから。白人の薄い色の瞳よりも、光を絞る効果が優れているからなのです。

❸

48種類の茶色と100種類の鼠色

江戸時代、贅沢を禁止する「奢侈禁《しゃしきん》止令《しれい》」が出され、四十八茶百鼠《しじゅうはっちゃひゃくねずみ》という、さまざまな茶色とネズミ色が生まれました。江戸の庶民はオシャレを楽しむために粋で渋い色味を発展させたのです。特に、「団十郎茶《だんじゅうろうちゃ》」「路考茶《ろこうちゃ》」「芝《し》翫茶《かんちゃ》」など、歌舞伎役者が舞台で身につけた茶色が、役者色として流行しました。

❹

貧困と自然回帰の色

画家シャイム・スーチンの魚の絵は、荒々しく大胆なタッチで茶色が塗り込められています。スーチンは貧困に苦しみ、堪える心の色を茶色で表現し、キャンバスに人間のギリギリの本能の色をぶつけたのです。友人のモディリアーニが描いた肖像画では、茶色の背景、茶色の服を着たスーチンが描かれています。

自分の色がしっくりこない場合はどうする？

CASE 1

ソウルカラーを受け入れられない

自分のソウルカラーを受け入れられない人は、自分の選んだ表層意識の色と、潜在意識の色の意味を読み、自分の「今」の状態を受け入れることから始めましょう。その色の解説、オススメアクションを取り入れることが、あなたのサポートにつながります。

自分の「今」の状態を理解し、俯瞰できる余裕が生まれると、視野が広くなっていきます。色の波動から、今やるべきことがわかってきたり、最善の行動ができるようになってくると、あなたのオーラは輝きを増し、波動が上がり、ソウルカラーを素直に受け入れられ、本来の生き方に近づいていくでしょう。

CASE 2

ソウルカラーと表層意識、潜在意識の色がしっくりこない

ソウルカラーは受け入れたけれど、表層意識や潜在意識の色が、ソウルカラーと方向性が違うなどと感じる場合は、ソウルカラーの生き方をより深めるタイミングがきているのかもしれません。ソウルカラーだけを見ていても、人生の限界がきます。より強く自分の生き方を確立するためには、今の表層意識、潜在意識の色のパワーを取り入れることも不可欠。今の自分を多角的な視野で見ることで、不要なものを手放せるようになり、波動がより軽やかになっていくはずです。

色の目印を読み取り、最善の道を進みましょう

さまざまなカラーセラピーがありますが、そのほとんどが好きな色を選んで自分の心理状態を知り、癒していくというスタンスのものでした。その道のりは玉ねぎをむくような作業。どこまでむけばいいのかわからず、まるで、樹海をさまようがごとく、延々と自分探しの旅を続けてしまうことも…。

本書で紹介する「ソウルカラーセラピー」の手法は、本来の自分と今の自分の両方を俯瞰で把握することができるので、迷子になる心配はありません。ソウルカラーという人生における大きな目印と、その都度目の前に現れる細かい目印。その両方が最善の選択、最善の自分へと導いてくれて、自分の人生を自分で創造していくことができるようになるのです。

Color Column 2

色の好みと相性

人と人との相性では、ソウルカラーや好きな色が似ている人同士は共感、理解しやすい間柄であり、補色や反対色の色同士は補い合える、お互いを成長させる間柄と言えます。恋愛においても同系色同士は同じ価値観を持ち、同じ目線で未来を描きやすい相手なので、共感できる部分が多く、けんかにもなりにくい間柄。補色タイプ同士であれば、自分とは違った側面を見せる相手に強く惹かれ、お互いの足りないところを補い合いつつ、お互いを刺激し合いながら未来をつくっていけます。

でも、これからの時代は多様性の時代。虹のように、それぞれの色の美しさを尊重しながら調和できる時代です。人は１色だけでつくられているわけではなく、それぞれの人がオリジナルブレンドカラーの美しい個性でできています。自分の個性を深く理解して受容できると、相手のことも理解して受容することができ、美しいハーモニーを奏でられるようになるでしょう。

CHAPTER 3

色の心理学でなりたい自分になる

人脈を広げたいときに

オレンジ ORANGE

すべての豊かさは人のご縁が運んでくれます。あなたがどんなに才能豊かであっても、それを引き出してくれたり、広めてくれたりするのは人の力。人脈は何にも代えがたい宝となります。

人脈を広げたいときにオススメの色はオレンジです。オレンジを取り入れることで明るい気分になり、コミュニケーション力が上がっていきます。また、社交性をアップさせてくれるので、初対面の人が多い場に行くときやお近づきになりたい人がいるときには、最初の声がけを後押しし、明るい印象を与えてくれます。華やかな雰囲気をまとう効果があるので、場の中心へとあなたを押し上げてくれるでしょう。目立つのが苦手で一歩を踏み出す勇気が持てない方も、オレンジはポジティブな気持ちで行動できるようサポートしてくれる色です。

オレンジは、洋服に取り入れるのが難しい場合も多いので、ハンカチやペンなど、小物でOK。特に、カーネリアンやサンストーン、オレンジカルサイトなどのパワーストーンは、ポケットやカバンに入れておくだけでも、効果があります。ときどき眺めたり触ったりすることで、ポジティブで華やかな波動をアップしてくれるでしょう。

優しい安心感が欲しいときに

コーラル CORAL

人は一人では生きていけません。ほっとする優しさや人の温もりがあってこそ、人生の幸せを体現していけるのです。「疲れちゃったなぁ」「誰かに甘えたいなぁ」と思ったときは、優しいコーラルがオススメです。

コーラルを見ているだけで、お母さんや家族に包まれたような優しい安心感を得ることができます。一人で寂しいとき、失恋したとき、仕事で失敗して落ち込んだときも、コーラルの色があなたを癒し、慰めてくれるでしょう。

コーラルの波動は、包まれる形で取り入れるのがオススメです。ストールや毛布などをコーラルにすると、安らぎ感がアップします。

また「誰かにかまってほしいなぁ」というときは、コーラル色のトップスを着ると、その波動で優しい声をかけてもらえることが増えるでしょう。

コーラルにはあなたを優しくナチュラルにするパワーがあります。優しさとともにあなたの波動をアップさせてくれる愛の色なので、甘えるのが苦手な方にオススメです。穏やかな色合いなので、はっきりとしたピンクを取り入れるのをためらってしまう方も取り入れやすいでしょう。

岐路に立たされ迷うときに

グリーン GREEN

人生は選択の連続。小さな選択も大きな選択も、自分の決断が運命を変えていきます。特に、大きな岐路に立たされたときは、大いに迷ってしまいますよね。そんなときにサポートしてくれるのがグリーンです。

　グリーンは、リラックス、リフレッシュの色であり、ハートを表す色です。選択、決断するときは、ハートに耳を傾けてみることで、自分にとって間違いのない豊かさへの道が広がっていきます。リラックスできておらず、ハートの声を聴けていないとき、人は思考やエゴで物事を見てしまいます。ハートの声を無視して、思考に頼ってしまうと迷いも大きくなりますし、その判断が、あなたの潜在意識で本当に求めているものとは違った結果を招くことも。

　グリーンの色の波動を取り入れることで真のリラックスを得られます。ハートのスペースが大きくなり、ゆとりが生まれ、エゴにごまかされることなく自分の潜在意識の声を引き上げてくれるでしょう。

　グリーンを取り入れるときは、観葉植物や、エメラルドやアベンチュリンなどのパワーストーンがオススメ。ハートを豊かに開くことをサポートしてくれます。

心機一転したいときに

白 WHITE

人生、「時にはリセットして、新しい一歩を踏み出したい」と思うことがありますよね。また、入学、卒業、就職、退職、結婚といった人生の節目、さらに離婚や失恋、仕事の失敗など、人生の大きな変わり目もあるでしょう。そんな心機一転したいときには、白がオススメです。

白は「白紙に戻して一から始める」というパワーを与えてくれます。また、自分を正直にさせてくれるエネルギーがあるので、今までの自分の穢れのようなものを浄化して、グレードアップした自分を演出していくことができるでしょう。自分の未知の才能に光を当てる効果もあるので、可能性を潰さず、ニュートラルな視点で、魅力や才能を開発していくのをサポートしてくれます。

白色の洋服を着ると「汚れないようにしなきゃ」という緊張感があったりしますよね。リラックスしたいときには不向きですが、新しい一歩のときは、そんな緊張感もあなたを支えるパワーとなります。ぜひ、真新しい真っ白な洋服で過ごしてみましょう。汚れることを恐れず、シミが付いたら、それは自分への祝福の一つだと思えるようになると、新しい成功へと舵を切っていくことができるでしょう。

自分に自信を持ちたいときに

ゴールド GOLD

「自信がなくてチャレンジできない」「〇〇さんのように自信があったらいいのに」などと思ったことはありませんか？　自信はチャンレンジや成功への布石だとわかっているのに、ウジウジ、グダグダしてしまうときは、ゴールドがオススメです。

ゴールドの色は、自分の軸をしっかり持つことをサポートしてくれます。どんなに自信があるように見える人でも、最初から自信があったわけではありません。自分を奮い立たせ、ブレない自分を継続し、自分の軸で積み重ねていった結果、揺るぎない自信ができるのです。

ゴールドの波動は、あなたが一歩を踏み出すための勇気を与えるとともに、始めたことが素晴らしい経験となるよう、サポートしてくれます。そして、揺るぎない気持ちで自分軸でいられるようにしてくれるでしょう。

ゴールドのチャームやアクセサリーのキラキラの波動を取り入れると、自分自身のキラキラの波動が共鳴します。ゴールドが入った鉱物もオススメ。ゴールドの針が入った水晶ルチルクォーツは、あなたの軸を育てる強力なパワーを与えてくれますし、インペリアルトパーズも自信を与え、特別な成功へと導いてくれます。

思いっきり楽しみたいときに

イエロー YELLOW

時にはハメを外して心から楽しむことも必要です。日本人は真面目な人が多いので、世間の目、周りの人の目を気にして、思いっきり自分の好きなことをしたり、遊んだりすることを難しく感じる方も多いでしょう。

でも、これからの時代は、自分の好きなこと、やりたいことをやって、楽しんだ者勝ちです！そんなパワーを与えてくれるのがイエローです。イエローはあなたを楽天的な気持ちにし、人生にユーモアを広げていくことをサポートしてくれます。

また、落ち込んだとき、心配や不安が募ったときなどにイエローを取り入れると、神経や気分をほぐし、前向きな気持ちに。楽しみたいけれど何をしたらいいのか迷うときも、イエローがあなたの好奇心を刺激して、面白いことにチャレンジできるようになるでしょう。

イエローは、レモンやグレープフルーツなどの果物、ジュースで取り入れることでもフレッシュなパワーを得られます。ハンカチやノートなどの小物に取り入れるのもオススメ。シトリンやレモンクォーツなどのイエローのパワーストーンも、負のエネルギーを溜めないようにサポートし、ポジティブな波動を高めてくれます。

苦手な人と会うときに

オリーブグリーン OLIVE GREEN

初対面の人や苦手な人と会うときは、気持ちが重くなることがあります。でも、社会で生きていくためには避けて通れない場面もたくさんありますよね。そんなときは、オリーブグリーンを取り入れましょう。ほどよい距離感で、うまくコニュニケーションをとることをサポートしてくれます。

苦手な人と話すときは、相手の出方を見ることから始めるのがベスト。もしかしたら、あなたの苦手意識が、さらにコミュニケーションをチグハグにさせてしまうこともあります。苦手だという思い込みがあったり、相手が無理難題を言ってきたりしたときも、オリーブグリーンは、落ち着いて受け身の態勢を取り、バランスよく相手の意見を聞いていくことができるようにサポートしてくれます。そして、あなたの必要な意見をほどよい感じで伝わるように助けてくれる色なのです。苦手な人であっても、次第にあなたが主導権を握り、うまく立ち回れるようになるのも夢ではありません。

苦手な人と会うときは、オリーブグリーンの洋服を取り入れてみてはいかがでしょう。また、濃いめの緑茶を飲んで、心を落ち着かせてから、その場に向かうのもオススメです。

個性を発揮し自由でいたいときに

ターコイズ TURQUOISE

今は、風の時代と言われています。風の時代は、自分の個性を自由に発揮していくと、運命が軽やかに開けていく時代。でも、「どうやったら個性を発揮できるの？」「自分の個性が何なのかわからない」と、思ったことはありませんか？　一般常識や固定観念の中で生きていると、自分の魅力や自分のやりたいことがわからなくなってしまうということがあります。

そんなときは、ターコイズを取り入れてみましょう。ターコイズはあなたのフィーリングにアクセスしてくれる色。あなたの思ったこと、感じたこと、やりたいことを自分に素直に受け入れさせてくれて、それをどんどんやっていけるように後押ししてくれます。あなたがあなたの感じたままに素直に行動していくと、柔軟でクリエイティブな発想が浮かぶようになり、「これが自分なんだ」という自分だけの魅力や個性が顔を出してきます。そう感じられるときこそ、真に精神的な自由を味わっていくことができるのです。

ターコイズは、洋服やカーテンなど、大きな面積で取り入れると自由なフィーリングをより感じられます。パワーストーンのターコイズやラリマーもオススメです。

バランスをとりたいときに

バイオレット VIOLET

　男性であっても女性であっても、自分の中に男性性と女性性があります。男性的な能動性やリーダーシップと、女性的な受動性やサポート力の両方をバランスよく使っていくことで、人間的深みをもたらします。優しさや愛の形を男性性と女性性の両方で表現していくと、より魅力的になれます。

　しかし、男性性と女性性という陰陽のバランスをとることに難しさを感じることも多いでしょう。そんなときはバイオレットを取り入れるのがオススメです。

バイオレットは、陰陽のバランスだけでなく、右脳と左脳のバランスをよくするのをサポートしてくれます。人生が豊かになりますし、理想と現実といった難しいテーマのバランスをとる助けとなります。また、虚無感に襲われてどうしようもないときや現実から逃げ出したいときにも、自分の内側のバランスをサポートしてくれます。

　取り入れる際は、バイオレットの洋服はもちろん、ハンカチなどの小物でもOK。バイオレットのアメジストやスギライト、チャロアイト、レピドライトなどのパワーストーンも強力にサポートしてくれます。

直感力を高めたいときに

ロイヤルブルー　ROYAL BLUE

ピーンとくる感覚を身につけたいと思ったことはありませんか？「直感で決めたら物事がうまく進んだ」という話を、周りから聞いたこともあると思います。人生の大切なとき、あなたの感覚が研ぎ澄まされていれば、判断に迷うことがなくなり、根拠がなくても絶対大丈夫、という深く落ち着いた気持ちで前にスイスイと進んでいくことができます。そんな自分の直感力を高めていくのにオススメは、ロイヤルブルーです。

ロイヤルブルーは第3の目を表す色です。第3の目は見えざるものを見る目、先を見通す目です。見えざるエネルギーを読み、先見性を高めて物事に取り掛かれば怖いものなし！　神様からのサインを受け取ることも簡単になっていきます。

ロイヤルブルーは、パワーストーンで取り入れるのがオススメです。ラピスラズリやサファイアなどを手に持ったり身につけたりすると、感覚が鋭くなり、直感力が開いて、宇宙や神様のメッセージを受け取ることができるようになっていきます。サインを見逃さずに受け入れていると、エゴからではない判断ができるようになるでしょう。

自分と向き合いたいときに

ブルー BLUE

「自分の才能、性格、天職を知りたい！」という気持ちは誰にでもあるもの。本書を手にとっていただいたのも、そんな気持ちがあったからかもしれませんね。何かうまくいかないことがあったり、モヤモヤしているときは、「今の自分を客観的に見つめたい」「今の自分の深層心理を探りたい」という気持ちになることも多いはず。そんなときは、ブルーがオススメです。

　ブルーは冷静に気持ちを落ち着かせるだけでなく、あなたを深く内観させてくれる色です。自分を深く見つめることで自分探しの旅が深まり、本当に自分を生きることができるようになります。そうすると「自分は何のために生まれてきたのか？」「自分の使命は何なのか？」という人生の大きなテーマを考えることもあるでしょう。ブルーは、あなたの「ブループリント＝人生の青写真」を見つめさせてくれる色でもあります。あなたがなすべき使命を悟ることをサポートしてくれるはずです。

　洋服やファブリックに、青空のような澄んだ美しいブルーを取り入れてみましょう。そうすることで、大きな空に抱かれるような安心感の中、自分を深く見つめることができるようになります。

感謝の気持ちを高めたいときに

マゼンタ MAGENTA

「ありがとう」の言葉は、波動が高いことで知られています。感情のなかでも、愛と感謝が一番波動を上げてくれるのです。

「ありがとう」と言ったほうがよいのはわかっているけれど、気恥ずかしさや突っ張った気持ちのせいで、うまく言葉にして言えなかった…という経験はありませんか？　また、他人に対して「ありがとう」と言ったけれど、感謝の気持ちを込めていなかった…という経験はありませんか？

感謝は、自然に湧き上がる気持ちを素直に相手に伝えることで、本当の意味で波動が上がり、自分も相手もより幸せにすることができます。それをサポートしてくれるのがマゼンタ（赤紫）です。

マゼンタは慈悲慈愛の色。天からの愛というエネルギーは、特別なものや大それたものではなく、日常の小さなことの中にたくさんあるということ、そして、奇跡は些細なことの中にたくさんある、ということを気づかせてくれる色です。

マゼンタの洋服、ハンカチやペンなどの小物を取り入れて、視界にマゼンタの色が入るように配してみるのがオススメです。

恋愛気分を高めたいときに

ピンク PINK

デートのときは、ロマンチックな気分を盛り上げて、非日常を演出できると楽しみが増えますよね。そんな恋愛気分を高めてくれる色は、なんといってもピンクです。ピンクを取り入れることで恋愛は盛り上がりますし、マンネリ気味の夫婦も、若いころのようなフレッシュな感覚を呼び覚ますことができます。

　パーティなど出会いの場で、パートナーと出会いたいと思っているときも、ピンクを取り入れることで柔らかな愛の波動が伝わり、チャンスが増えます。男性の場合も、シャツなどに取り入れると好感を持たれます。

　また、初デートでは、特に女性はピンクを身につけるのがオススメ。ピンクは、相手の「守ってあげたい」という気持ちを高め、二人の距離を縮めてくれます。素直に甘えることができたり、優しいエスコートを引き出すこともできるでしょう。

　ピンクは、老若男女すべての方に必要な、無条件の愛の色です。洋服や下着、靴下、ハンカチなどの小物にも取り入れてみるとよいでしょう。また、ローズクォーツや、インカローズ、ピンクトルマリン、クンツァイトなど、ピンク色のパワーストーンもオススメです。

セクシーさをアピールしたいときに

レッド RED

色気は人間的魅力。ぜひ身につけたいものです。匂い立つようなエネルギーはフェロモンが関係してきます。フェロモンを活性化させてセクシーさをアピールしたいときはレッドがオススメ！　レッドはあなたのセクシャルな魅力を高め、周りの人から一目置かれるような「特別なあなた」を叶えてくれる色です。

　また、レッドを身につけると、その波動から思い切った行動を促進させてくれる効果があります。引っ込み思案になってしまうとき、意中の相手がいるときなどは、あなたの強い味方となり、あなたの魅力を前面に押し出すサポートをしてくれるでしょう。

　赤い口紅にドキッとするように、レッドはハイヒールやベルトなどのポイントで取り入れるだけでも目を引きます。ネイルに取り入れるのは特にオススメ。爪は意識していなくても目に入る頻度が高いので、ネイルをレッドにすることで、自分自身の意識革命が起こり、あなたが発する波動もよりセクシーに変わっていきます。

「女王様の石」と言われている赤い宝石ルビーもあなたの気品を高め、恋愛成就や自己実現のための勇気と大胆さ、情熱的なエネルギーを与えてくれます。

弱い心を知られたくないときに

黒 BLACK

悲しいとき、辛いとき、ショックなことがあったときなどに、自分の弱さを見せたくなくて、誰かに甘えたい気持ちを抑えてしまうときもありますよね。

まだ自分を開示できる状態でないときは、自分を守る時間も必要です。そんなときは、黒があなたの盾となり、守ってくれます。繊細であればあるほど、素直に自分をさらけ出せないといったことがあるかもしれませんが、黒が頑丈な一時避難場所になってくれるのです。

しかし、黒の中に逃げ込み続けていては、あなたの弱さが増してしまいます。あくまで、黒は盾として使うのであって、黒の鎧を着込まないようにしましょう。

また、自分の意見を言うのに不安があるときや「断固ＮＯ！」の意志を伝えたいときなどは、強い自分を演出するために黒を使用すると効果的です。

黒を取り入れる際、全面ブラックはＮＧです。洋服の場合も一部に取り入れる程度にしておきましょう。黒のパワーストーンもオススメ。ブラックトルマリンはあなたの邪気を吸ってくれますし、ヘマタイトは邪気を跳ね返してくれるパワーがあります。

やるせなさやイライラを止めたいときに

茶 BROWN

「なんだか落ち着かない」「ちょっとしたことにイライラしてしまう」とき、その原因が、自分に対するやるせなさ、自分ができないことへの腹立たしさ、自分の器の小ささを感じてしまうなどであった場合は、茶色がオススメです。茶色は、どんなあなたも丸ごと受け止めてくれる色です。

　他人に対してイライラしているときも、それは、すべて自分を映す鏡かもしれません。自分の中の嫌な部分を見せられている場合が多いのです。自分の嫌な部分、ドロドロした部分は見て見ぬふりをしたいし、自分だと認めたくないため、無意識に抵抗して感情がうまく抑えられなくなったりするのです。

　そんなとき、**茶色を取り入れることで、大地が支えてくれているような安心感が得られ、ナチュラルな自分に戻ることができます**。どうしようもなく止め難かった感情が落ち着いていくでしょう。

　茶色の洋服を取り入れたり、家具や絨毯に取り入れてみるのも効果的。パワーストーンでは、スモーキークォーツを持つと、心の闇に光を与え、グラウンディング（地に足をつけ、現実を生きる）をサポートしてくれます。

Color Column 3

味覚は色の波動に支配されている!?

味覚は色によって変わります。たとえば、まったく同じコーヒーを、茶、赤、青、黄の４つの色のカップにそれぞれ入れて、味や芳香を４段階から回答してもらったところ、約70％の人が茶のカップは味や芳香が非常に濃いと回答し、約85％の人が黄色のカップは味や芳香が非常に薄いと回答しています。また、同じ中身であっても、パッケージやそのものの色によって、印象だけでなく、味覚さえも大きく変えてしまう例がたくさんあります。

テレビ番組でも、目隠しをして食べると味がわからなくなる…というシーンをよく見かけますよね。これも、視覚が味覚を支配していることがよくわかる場面です。

また、自然の果物や野菜は、食べることで栄養だけでなくその色のエネルギーを体内に取り込むことができます。私たちは、毎日の食事でも色の波動を感じて取り込んでいるのです。

CHAPTER 4

ソウルカラーで開運しよう

開運には道順がある

開運の近道には順番があります。しかし、それを知らずに、やみくもに動いたり、スピリチュアルな考え方のほんの一節だけを切り離して、勝手な解釈で取り入れようとしても、なかなかよい結果に結びつきません。本書を読んでくださっている方の中にも「いろいろな開運方法を試したけれど、うまくいかない…」という方がいるかもしれません。

英語では人間を「human」、これは「hue-man」とも表せます。「hue」は色相という意味なので、直訳すると「色の人」。チャクラにもオーラにもさまざまな色があり、色を知ることは人間を知ることにつながり、色を活かすことは人としてよりよく生かされるということにつながります。

人間には無限の可能性があるのと同様に、色にも無限の可能性があります。色の波動を知り、取り入れることが人として幸せな開運を導いていく最善最短の方法。これこそが開運の基本であり近道なのです。

次ページから解説する1～5は、開運の基本の順番です。順番になってはいますが、より多くの基本ができてくると、同時進行で行っていくことが多くなるでしょうし、開運のレベルが上がれば上がるにつれ、さらなる深いレベルへと昇華していきます。

豊かな人生にはいつも色が寄り添っています。美しい色、あなたを表す色たちは、あなたが自分の人生を創造していくのを力強くサポートしてくれているのです。

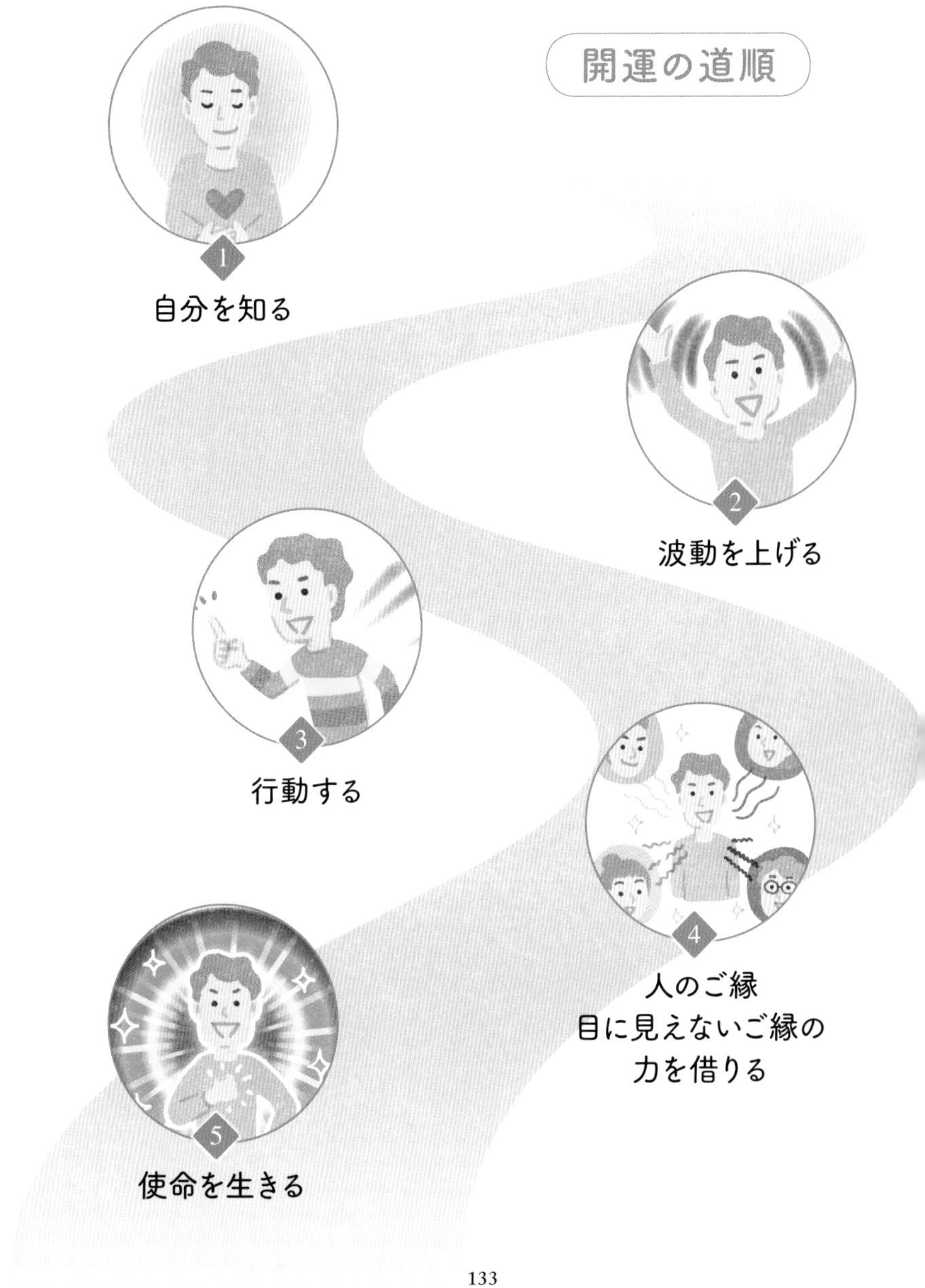
開運の道順
1
自分を知る
2
波動を上げる
3
行動する
4
人のご縁
目に見えないご縁の
力を借りる
5
使命を生きる

1 自分を知る

まず大事なのは「自分を正しく深く知っている」ということ。それができていないと、すぐに人生の道に迷ってしまい、延々と樹海の中をさまようことになります。

心理学では表層意識が3～4％、潜在意識が96～96％と言われています。つまり、私たちが、わかっているつもりの自分は、表層のほんの3～4％にすぎません。大部分を占める潜在意識を探っていかないと、自分の本音さえ見落としてしまうのです。

色はあなたの深い潜在意識さえ映し出す鏡。あなたが気になる色や直感で選んだ色は、あなたの波動と共鳴しているわけですから、今のあなたそのものを表します。そして、もっと深いところには、魂の色があり、それこそがあなたの根本を表す絶対的な色なのです。あなたの根源の魂の色は、あなたが自分自身に与えた使命を生きるための設計図を紐解くカギであり、本書でご紹介したように、簡単に導き出すことができるのです。

魂の色をベースに、自分の表層意識と潜在意識の色を常に観て、自分を内観していくことが第一歩。これを実践することで、エゴやみせかけにだまされず、俯瞰した視点で、自分を生きていくことができるようになっていきます。

2 波動を上げる

魂の色を知ることで知り得た自分の才能や魅力も、活かすことができなければ宝の持ち腐れ状態。とてももったいないことです。自分を深く知ることができたら、それを活かしていくためには自分を整えることが重要。そして、自分自身の波動を上げることが大切です。こうすることで、鎧や仮面を身につけることなく、軽やかに、ありのままの自分を生きていくことができるようになります。

自分を整え、波動を上げる方法はたくさんありますが、それも色が簡単に叶えてくれます。体にはチャクラと呼ばれるエネルギーステーションがあり（32ページ参照）、「人間は色でできている」とも言われます。チャクラのすべての色のエネルギーを整えていくには、それぞれのチャクラに対応する美しい色の波動を借りていけば簡単。色は、古代から心身の治療に使われてきたように、心も体も健康に保ちます。美しい色の波動を身にまとったり浴びたりすることで、肉体も心も精神もよい影響を受けて、自然と波動が上がっていき、軽やかでよりよい現実を引き寄せられるようになっていきます。

3

行動する

自分を深く知り、自分を整えて波動が上がったら、実際に行動していくことでみるみる現実が変わり、開運していきます。地球は3次元の星なので、何かしらアクションを取っていくことで現実を創造することができるのです。

自分を深く知ることで自分のやりたいことが見えてきますが、一歩を踏み出せないということがあるかもしれません。自分の才能や魅力に気がついて、夢を描けるようになっても、ときには制限を外せないと思ってしまうこともあるかも。

でも、あなたを表す美しい魂の色は「あなたはありのままで素晴らしいんだ」ということを思い出させてくれます。色を取り入れていくことは行動へのスイッチなのです。

たとえば、ピンクの波動が自己受容を促して自分を愛することで自分を満たし、オレンジの波動でワクワクする。イエローやゴールドのパワーで自信を持てるようになり、さらにグリーンの波動で自分の方向性が定まり、レッドの行動力のエネルギーへとつなげていけるようになるなど、どんどん枠を外していくことができるようになります。

4 人のご縁、目に見えないご縁の力を借りる

波動の法則では、あなたと同じレベルの波動の人を引き寄せます。あなたが素敵な波動で行動すると、同じように素敵な波動の人とのご縁が増えていきます。あなたが望む幸せや豊かさをもたらすには、人とのご縁が絶対不可欠なのです。素敵なご縁はさらに素敵なご縁へとつながり、思いもよらぬようなビッグチャンスが訪れたり、以前は想像もしていなかった世界が急速に開けていったりするでしょう。

また、ご縁は人だけではありません。あなたが輝けば、目に見えない存在の応援もたくさんやってきます。実は、目に見える人のご縁も、目に見えない存在がうまく引き合わせるように陰で尽力してくれていたりするのです。

目に見えない存在とは、神様、仏様、ご先祖様や、天使、精霊、マスター（キリストやブッダなどの聖人）、女神、龍神などさまざま。あなたが目で見ることができなくても、超がつくほどの現実主義で信じなかったとしても、色の波動によって精神的にも豊かさを得てきたあなたなら、すべてのものに感謝の気持ちで過ごすことができるので、さらなる開運がもたらされます。

5

使命を生きる

使命とは「命を使う」と書きます。つまり、使命とは、あなたの魂の色を最大限にポジティブに使っていくことでもあります。

すべての人に共通している使命は、「いろいろな経験をすること」「愛を持って生きること」「魂が楽しいと感じることをすること」ですが、その体験する内容や具体的なやり方は人それぞれ異なりますし、やり遂げる使命も1つではありません。使命の具体的な内容や事柄は、あなたの魂の色が教えてくれています。そして、あなたがあなたの使命を生き始めると、不思議な計らいや後押しがやってくるようになるのです。そうすると、ちょっとラッキーというレベルの開運どころか、まさしく魂が喜ぶような至福の開運へとレベルが変わっていくでしょう。

あなたの使命は、魂から自分の人生を生きること。魂の色にはその設計図が隠されていますし、設計図を深く紐解くカギは、表層意識と潜在意識を表すオーラの色の中にも隠されています。魂の色とオーラの色の相乗効果で、あなただけの最高に幸せな人生へと開運していくことができるのです。

SPECIAL
CONTENTS

あなたを導く色の龍神

龍神は未来を応援してくれる存在

「龍神」は「流神」と書くことができるほど、流れを起こしていく強いパワーを持った存在です。龍神はいろいろな神話にも登場しますが、もともとは自然のエネルギーから生まれたもので、神の使者であると同時に独自の神の意識を持った存在でもあります。龍神は私たち人間と比較的近い5次元世界にいることが多いので、具体的に私たちを助けてくれるのです。

　龍神はいつも私たちを見ていて、人生を真摯に生きようとする人を応援したがっています。時代の変革期でもある今は、私たちをサポートしようと大忙し。龍神の応援を受けた人は、龍神の背に乗って勢いよく上昇していきます。

　龍神は水の神様ですが、水と同時に風も操ります。水も風も形が定まっておらず、穏やかなときもあれば荒々しいときもありますよね。このような水や風の流れを操り、あなたが目指す未来に向かって大きな流れを作り、ものすごいパワーであなたを後押ししてくれるのです。

　龍神は私たちのエネルギーを感じ取っています。水や風と同じように私たちのエネルギーは澄んだり濁ったりします。龍神が反応するのは澄んだエネルギーです。

　龍神の背に乗って上昇していきたいと思うなら、自分のエネルギーを澄んだ状態にして前を向いて進んでいくことが大切。自分のソウルカラーの土台を活かしながら、日々、自分の感情や意識を整え、オーラの色を輝かせましょう。そうすれば、龍神は自然とやってきて、あなたを特別な開運に導いてくれるでしょう。

あなたにぴったりの龍神を見つける3つの方法

① ソウルカラーから見つける
ずっとサポートしてくださる龍神

② オーラの色から見つける
今、強力にサポートしてくださる龍神

③ 準備が整ったタイミングで来てくれる！
さらなるパワーアップをしたいとき、
特別なご加護やパワーを授けてくださる龍神

龍神は1柱ではなく、さまざまな色のエネルギーを持つタイプがいらっしゃいます。それぞれ個性豊かで身近に感じられる存在です。その色のエネルギーに合わせた特質を持っていらっしゃるので、サポートの仕方にも違いがありますし、得意分野も違っています。あなたには、あなたにぴったりの龍神がやってきてくれるでしょう。

あなたについてくれる龍神は1柱とは限りません。ずっと寄り添ってくれる龍神もいれば、その時どきにサポートに来てくれる龍神もいらっしゃいます。上記に示したのは、龍神を見つける3つの方法。次ページから具体的にその方法を解説しますので、あなたを開運に導く龍神を、ぜひ見つけてください。

1

ソウルカラーから見つける

ずっとサポートしてくださる龍神

ソウルカラーに関連した色の龍神は、産《うぶ》土《すな》神《がみ》様や氏《うじ》神《がみ》様のような感じで、ずっとあなたを見守ってくださいます。あなたの経験や成長をずっと見ていてくれて、あなたがあなたらしくあることを一番に考え、必要なときはサポートをしてくださるでしょう。あなたにとって一番身近な神様でもあるので、普段から、意識したり感謝したりすることで、そのエネルギーを感じやすくなるでしょう。

あなたのソウルカラー	関連する龍神
レッド、ピンク	赤龍 
ブルー、ターコイズ、ロイヤルブルー	青龍 
イエロー、オレンジ	黄龍 
グリーン、オリーブグリーン	緑龍 
バイオレット、マゼンタ	紫龍 

2

オーラの色から見つける

今、強力にサポートしてくださる龍神

オーラの色は、本書で選んだ表層意識の色、潜在意識の色に表れています。オーラの色は、今のあなたがよりよく進んでいくためのヒントを与えてくれます。

その色に関連した龍神も、今、あなたが意識すべきことや行動すべきことを強力にサポートしてくれます。「よりよい人生の選択ができるよう、力を貸してください」と、お願いすればやってきてくれるでしょう。

あなたの選んだ色			関連する龍神
レッド	ピンク	コーラル	赤龍 
ブルー	ターコイズ	ロイヤルブルー	青龍 
イエロー	ゴールド	オレンジ	黄龍 
グリーン	オリーブグリーン		緑龍 
バイオレット	マゼンタ		紫龍 
白			白龍 
黒	茶		黒龍 

3

準備が整ったタイミングできてくれる！

さらなるパワーアップをしたいとき、特別なご加護やパワーを授けてくれる龍神

時代の変化がスピードアップしていく中、さらに高次元から、金龍、銀龍、虹龍という特別な龍神がサポートにやってきています。

特別な龍神は、ソウルカラーやオーラの色からでなく、すべての人に向けたエネルギーを与えてくれます。とても強力なパワーなので受け取る準備も必要。まずは、あなたがあなた自身を深く理解し、俯瞰して見ることができる状態であること、そして、あなたの目指す内容が、自分だけでなく周りの人のためにもなるということが重要です。

あなたの準備が整って、真っすぐに自分の道を邁進しているとき、特別な龍神がやってきて、強力にサポートしてくれるでしょう。

金龍

虹龍

銀龍

赤龍

大きな愛であなたを包む

赤龍は華やかなエネルギーをまとい、とてもパワフル。動きも大きく、スピードも速く、すべてを巻き込んでいくような圧巻のパフォーマンスを見せてくれます。一度会ったら強烈な印象を受けるでしょう。もし、あなたに覚悟がなければ、目と目が合った際には蛇ににらまれたカエルのような感じがしてしまうかもしれませんが、しっかりと信念を持ってサポートをお願いすれば、グランドマザーのような大きな愛で、あなたを包んでくれるでしょう。

　あなたが自分が正しいと思った道に邁進している状況の場合、ときにはダンプカーのような勢いで後押しをしてくれたり、また、ときには白昼夢を見ているような強烈なインスピレーションを与えてくれたりします。

　赤龍は正直で情に厚い人が大好きです。あなたが、地球での体験を思いっきり謳歌し、自分のため、人のためにと一生懸命動くことで、面倒見のよい肝っ玉母ちゃんのような感じで、惜しみないサポートをしてくれるでしょう。

青龍

迷ったとき
最善の道に導いてくれる

青龍は凛とした美しいエネルギーをまとい、颯爽とやってきてくれます。澄み渡った空のような穏やかさと風をきるような鋭さ、両方のエネルギーを合わせ持ち、あなたにとって最善の方法でサポートしてくれます。

青龍は美しい歌が大好き。あなたが純粋に、ハートからのメッセージを美しいメロディーで朗らかに歌うと、すぐに反応してやってきてくれるでしょう。

青龍は使命を生きる選択を助けてくれます。あなたが、試行錯誤しながらも前を向いて自分のなすべきことを考えるとき、あなたにブループリントと呼ばれる未来の美しい計画のビジョンを見せて後押ししてくれます。そのブループリントのビジョンは、聡明な美しさがあり、それを見せてもらうと自分の中の迷いが消え、真っすぐに進んでいいんだ、という大きな安心感と信頼を得られます。

何かに迷ったときは、青空を通して天を仰いだり、小川のせせらぎを見つめていると、すでに青龍がそばに来てくれていることに気づくでしょう。

黄龍

楽しんでいるあなたにエネルギーをくれる！

黄龍は、春の太陽のように温かく、ふわっと広がるような大きなエネルギーを持っています。楽しいこと、ワクワクすることが大好きなので、あなたが楽しいことやワクワクすることをしていると、そばにやってきて、やっていることを発展させるエネルギーを与えてくれます。

黄龍は神出鬼没。あなたが何かに夢中になっているときはもちろん、ただ歩いているだけのとき、食事をしているときにもふと現れて、横から顔を覗き込んでくることも。一旦仲良くなると、あなたが落ち込んでいるときにやってきて、温かい光で照らし、張り詰めた心を朗らかにさせてくれます。

また、天の存在との架け橋もしてくれるので、あなたがつながりたいと思う天の存在にあなたのメッセージを伝え、あなたの未来をサポートしてくれるでしょう。

黄龍はピュアな人も大好き。あれこれと画策するのはやめて、ただ目の前のことに素直に反応するということを繰り返していると、思いもよらぬユーモアを交えたインスピレーションをあなたに送ってくれるでしょう。

緑龍

豊かなエネルギーで ハートに語りかける

緑龍は、どっしりとした存在感を漂わせてやってきて温かく包んでくれます。その大きな体は、地球全体を守っているので、自然や地球を大事にする人を応援してくれます。環境問題に携わる人、農作物を育てる人、お花を育てる人などの優しい心に反応して、寄り添ってくれます。いつもは、大きな存在感、大きな体で現れるのですが、ときに、あなたのハートの中の無限の宇宙空間に現れることもあるでしょう。特にあなたが山や森にいるときや、土いじりをしているときは、ハートの中から語りかけてくれる感じです。

緑龍は、秋の収穫のような豊かさのエネルギーを持っています。あなたの豊かさが実ることで、あなたも周りの人も豊かになっていくような具体的なビジョンを見せてくれ、具体的な方向を指し示してくれるでしょう。

緑龍は、あなたが力まずにリラックスして人生に臨んでいくことが何よりも大事だと教えてくれます。大きく深呼吸して、意識を集中させると、すでにあなたのそばにいてくれることに気づくでしょう。

紫龍

限界突破を後押しする大きなパワー！

紫龍はミステリアスで麗しいといった雰囲気でやってきます。崇高なエネルギーであなたを導いてくれるので、あなたに邪心があると姿を見せてくれません。紫龍のエネルギーは透明感があり、それに触れただけで何事も見透かされてしまうような感じがするでしょう。

紫龍は美しいものが大好きなので、部屋をキレイに整えたり、掃除をしておくことも大事ですし、あなた自身も、外見、内面の両方を磨き続けていると、さらなるエネルギーを与えにやってきてくれるでしょう。また、紫龍はクリスタル（水晶）も大好きなので、クリスタルを通して呼ぶと反応が早いです。

紫龍は天と地を結びます。あなたがあなたの使命のもとに、理想と現実の間で揺れ動いていたり、物事を考えすぎて立ち止まってしまうようなときは、次元を超えて限界を突破するのを後押しするような、大きなパワーを与えてくれるでしょう。常にニュートラルな視点であなたを見ていてくれるので、信頼できる師匠のような存在になってくれます。

白龍

まだ見ぬ自分に出会わせてくれる

白龍は白髪の仙人のような雰囲気でふいに現れます。たとえば、悟りを開いた仙人が、水の上や雲の上も歩くような超人的なことをいとも簡単にしてしまう、そんな軽やかなエネルギーを持っています。仙人のように、すごいことをしていても威張らず柔らかく微笑むような感じのエネルギーなので、白龍のエネルギーに触れると、何事もできるのが当たり前のような感覚になっていきます。あなたの無限の可能性を引き出し、まだ見ぬ自分に出会うことをサポートしてくれます。

白龍はどんな経験も優しく見守ります。いろんな経験を経て、人生が豊かになることを知っているので、細かいことは言わずに大きな視野でサポートしてくれます。

白龍は正直な人が大好きです。自分を美しく正しく見せようとせず、ありのままのポジティブな自分もネガティブな自分もさらけ出してみましょう。白龍は器が広く、すべての人の恩師のようなエネルギーなので、どの色のソウルカラーの人も、生徒になったような気持ちでサポートをお願いすることができるでしょう。

黒龍

一点突破の強烈なパワーで覚悟を決めた人をサポート

黒龍はビッグバンのような強烈なエネルギーを感じさせる存在。創生期から見守っているような、根底を支えてくれるエネルギーです。そのエネルギーは、外界の不要なエネルギーをすべて遮断し、自分の中にエネルギーを最大限に集約させていくための、密閉された空間のような感覚。自分に強く深くフォーカスし、揺るぎない信念を持ち、自分の世界を極めたい人の強力なサポートをしてくれるでしょう。

黒龍は鋭い眼光を持ち、一番大事なことを射抜くようなエネルギーを放ちます。なんとなく感じる才能やなんとなくやりたいことではなく、他の人が真似できない、これしかないという、一点突破のエネルギーに反応します。それは社交性とは正反対のエネルギーで、人を寄せ付けない張り詰めた雰囲気。ビッグバンのようにエネルギーが弾けたらサポートは終わってしまうでしょう。

黒龍は、寡黙で不要なことは言いませんが、厳しい指導者でもあります。道を極める覚悟ができたらサポートをお願いするとよいでしょう。

金龍

勇気を持って挑戦する人に熱いエネルギーを送る！

金龍は、皇帝のような存在感。成功や繁栄を司る偉大なパワーを持っています。金龍の応援をもらうと、ものすごい勢いで上昇気流に乗っていき、見える世界が一変していくでしょう。金龍はキラキラとしたエネルギーで、美しいけれど眼力があり、力強く、ある意味、厳しさをも感じさせる存在です。

金龍のサポートを受けられるのは、やりたいことがしっかりと決まっていて、確固たる意志で貫こうと覚悟を持って取り組んでいる人です。勇気を持って挑戦したい人には、金をも溶かすような熱いエネルギーを送ってくれるでしょう。

金龍は、常に世の中をリードする人たちを探しています。我欲からではなく、皇帝のように中心に座して、世の中の人のためにリーダーシップをとれる人を育成するのが大好きです。あなたが成そうとすることが、あなたの意志だけでなく、天の意志とも同調したとき、金龍は颯爽とやってきて、あなたがさらにチャレンジしていくための勇気と後押しを与えてくれるでしょう。

銀龍

自由な価値観で未来のビジョンへと導く

銀龍は聡明で透明感があり、キラキラとしたプラチナシルバーのエネルギーで、異次元を感じさせる存在感。過去世、現世、未来世を一瞬でつなぐことができます。

イメージするならば、あなたの過去に苦しく悲しいことがあった場合、それをあなたの目という映像スクリーンに映し出し「いろんな経験をしたな」「すべて自分の糧になったな」と、未来からすべてを見通し、理解させてくれるような感じです。同時に、あなたが心から望む未来世の自分のビジョンを見せてくれて、その未来の自分とつなげてくれるでしょう。宇宙と地球をつなぐネットワークも司っているため、地球の一つの価値観に縛られることなく、時代の変化に合わせて、宇宙的な意識であなたが成長していくのをサポートしてくれます。

銀龍は、銀色の鈴の音が鳴るような凛とした音に反応します。それは、あなたが世の中を見る目が変わったときの音でもあります。あなたがさらに器を大きくしたいと思ったとき、すぐそばにやってきて、異次元を見る目を開かせてくれるでしょう。

虹龍

無邪気なエネルギーで あなたを覚醒させる

虹龍は、新しい時代を牽引するためにやってきているミラクルな存在。虹のすべての色が美しいように、すべての存在が素晴らしく、対等で調和がとれている。そんな世界が顕現するためのサポートをしています。

自分の個性や才能を発揮して輝いている人、自分勝手でなく世の中の役に立つことを考えている人、常識に囚われず自分の価値を創造する時代だと気づいた人に寄り添い、一人一人の覚醒と上昇を後押しし、さまざまなミラクルを起こします。なかでも、この多様化の時代を推進している人、一人一人の目醒めをサポートしている人に強力に寄り添い、さらに輝くパワーを与えます。

虹龍は、高波動な存在でありながら、常に縦横無尽に動き、回転を繰り返したりしながら、屈託なく希望を振りまく無邪気なエネルギーを放っています。特に今、時代の変わり目を迎えた地球に遊びに来るのが楽しいようで、あなたが虹や虹色の物を見て幸せな気分に浸っているとき、偏見なく物事を見て心から楽しんでいるときに、共鳴してやってきてくれるでしょう。

あとがき

今は、世の中の価値観が大きく変わっていく変革期です。「多様性の時代」「個性の時代」「風の時代」そんなキーワードを聞いたことがある方も多いでしょう。

この変革期において何が求められているのか？　その根本は「あなたがあなたらしく、ありのままでより幸せになる」ということだと思います。

「あなたらしく、ありのままで」といっても、私たちは一般常識や固定観念、自分の制限やエゴの声に邪魔されて、自分らしさがわからなくなっている方も多いと思います。「自分のことなのに自分のことがわからない」そんなご相談も多く寄せられます。

色はあなたに、あなたという存在の美しさを鏡のように見せてくれます。あなたの魅力や才能、ときにはあなたが好きではないと思う自分の癖も、わかりやすく教えてくれるでしょう。そして、そのすべてを素直に受容できるようになると、周りの人の魅力や癖も受け入れられるようになり、仕事もプライベートもよりスムーズに充実していきます。誰もが得意なこと、好きなことをして、自分の個性を発揮することで補い合い、より豊かになる。まるで虹のハーモニーのような世界を作っていくことができるようになります。そんな時代の幕開けを、色の波動などの目に見えない存在が応援してくれているのです。

私は名前に龍という字を使っています。昔から「龍神がついている」と言われることが多く、龍神とはご縁が深いと感じています。龍神は目に見えませんが身近な存在です。雲でその姿を見せてくれたり、風や雨でそのエネルギーを感じさせてくれることが多くあります。あなたもすでにそんな経験があるのではないでしょうか。「初めて知る世界だ」と思った方も、色の波動を意識することで龍神のエネルギーを感じやすくなると思います。

私の場合、ビジョンの中で龍神の背に乗ることもあれば、龍神にのみ込まれて大きな世界を見させられる、ということもあります。再三送られてくるメッセージは「自分を目醒めさせなさい」「多くの人を目醒めさせなさい」ということなのです。

色には、あなたがあなたであることを目醒めさせる大きなパワーがあります。本書が、あなたがまだ気づいていない自分の魅力や才能や個性をさらに深く知るきっかけとなり、本来の素晴らしい自分に戻っていく一助になれば幸いです。

あなたは、あなたであるから美しく素晴らしいのです。ニュートラルに自分を認められるようになると、龍神もあなたをさらに後押ししてくれるでしょう。

愛と光と感謝を込めて

龍仁ひとみ

PROFILE

龍仁ひとみ

ソウルカラーセラピー協会代表理事
スピリチュアルカラーコンサルタント

大学卒業後、パッケージデザインのディレクションの仕事に就いたことをきっかけに、色を学び始める。色彩検定１級、カラーコーディネーター検定１級、パーソナルカラーアナリストなどの資格を取得し、講師の仕事を始める。色彩心理を深めたいと学んだカラーセラピーをきっかけに、スピリチュアルに目醒め、クリスタルセラピー、レイキ、数秘術、チャネリングなど、さまざまな手法を学び、天からの啓示のような形で、ソウルカラーセラピーを独自開発。日本全国、海外にも生徒を持ち、本来の自分で豊かに自分の使命を生きるセラピストを多数輩出。著書は『色の心理学：新装版』（梱出版社）など17万部を超え、好評を得ている。

デザイン●佐久間勉・佐久間麻理（3Bears）
イラスト●ツキシロクミ
編集協力●藤岡操
校　　正●玄冬書林

幸《こう》運《うん》を引《ひ》き寄《よ》せる
色《いろ》の心《しん》理《り》学《がく》

2021年11月20日 第1刷発行

著　者　龍仁《りゅうじん》ひとみ
発行者　吉田芳史
印刷所　図書印刷株式会社
製本所　図書印刷株式会社
発行所　株式会社日本文芸社
〒135-0001　東京都江東区毛利2-10-18 OCMビル
TEL 03-5638-1660（代表）

Printed in Japan　112211104-112211104 Ⓝ01（310072）
ISBN978-4-537-21940-1

編集担当：河合